D0765244

Fotografía de portada:
León Muñoz Santini

Fiestas y supersticiones de los antiguos mexicanos en la "Historia general" de Sahagún

BIBLIOTECA UNIVERSITARIA DE BOLSILLO

Fiestas y supersticiones
de los antiguos mexicanos en la
"Historia general" de Sahagún

Introducción, selección, edición y notas de
PILAR MÁYNEZ

FONDO DE CULTURA ECONÓMICA

Primera edición, 2006

Sahagún, fray Bernardino de
    Fiestas y supersticiones de los antiguos mexicanos en la "Historia general" de Sahagún / fray Bernardino de Sahagún introd., selec., ed., y notas de Pilar Máynez.— México: FCE, 2006
    201 p. : ilus. ; 17 x 11 cm — (Colec. Biblioteca Universitaria de Bolsillo)
    ISBN 978-968-16-8177-7

    1. México — Historia — Conquista I. Máynez, Pilar, introd. II. Ser. III. t.

LC F1231   Dewey 972.02 S718f

Distribución mundial para la lengua española

Comentarios y sugerencias:
editorial@fondodeculturaeconomica.com
www.fondodeculturaeconomica.com
Tel. (55)5227-4672 Fax (55)5227-4694

Empresa certificada ISO 9001:2000

Editor: Martí Soler
Diseño de portada: León Muñoz Santini

ISBN 10: 968-16-8177-0
ISBN 13: 978-968-16-8177-7

Impreso en México • *Printed in Mexico*

ÍNDICE

Libro Cuarto

*De la astrología judiciaria o arte de adivinar que estos
mexicanos usaban para saber cuáles días eran bien
afortunados y cuáles mal afortunados, y qué condiciones
tendrían los que nacían en los días atribuidos
a los caracteres o signos que aquí se ponen,
y parece cosa de [nigromancia], que no
de astrología*

INTRODUCCIÓN

1. Primeros años de Sahagún en la Nueva España:
su labor pastoral y académica

La evangelización del Nuevo Mundo supuso un arduo proceso cuyo fin principal se dirigía a la conversión de los indígenas al cristianismo. Los frailes encargados de esta empresa idearon diferentes métodos para llevarla a cabo, desde los más elementales, como la comunicación mímica con la que trataban de explicar el bien y el mal a través de la señalización del cielo y del suelo (este último como símbolo del infierno), hasta la articulación de complejas estrategias lingüísticas y conceptuales como las que elaboró el misionero español, oriundo de Tierra de Campos, en el reino de León: fray Bernardino de Sahagún (1499-1590).

En 1529, a los 30 años de edad, después de haber egresado de la Universidad de Salamanca —donde, según sus biógrafos, estudió— y de haberse incorporado a la vida religiosa,[1] llega fray Bernardino de Sahagún a México, procedente del puerto de San Lúcar de Barrameda, junto con diecinueve compañeros de la orden franciscana encabezados por fray Antonio de Ciudad Rodrigo. Su primera ocupación fue la de aprender la lengua mexicana, de la cual tenía ciertas referencias, pues en su trayecto a América, al parecer, estableció contacto con los indígenas que Cortés había llevado a

---

[1] Muy poco se sabe acerca de su vida en la Nueva España y menos aún de la que transcurrió antes de llegar a ella.

España para presentarlos ante el emperador, y que venían de regreso en el barco. "Conociendo el carácter de indagador —comenta Joaquín García Icazbalceta— y puesto que iba a evangelizar una nueva tierra donde se hablaba la lengua mexicana, es de creer que cuidaría de prevenirse recogiendo cuantos vocablos y frases pudiese…"[2]

Breves y muy aisladas son las noticias que tenemos respecto a las actividades que fray Bernardino de Sahagún realizó hasta su muerte. Se sabe que en la primera época de su larga permanencia en México estuvo como guardián en diversos conventos de la región central —Tlalmanalco, Cholula, Huexotzinco, Xochimilco—. Durante su estancia en el primer lugar, y como él mismo refiere en su obra, ascendió al volcán Iztactépetl (Sierra Blanca), en cuya cima pudo apreciar la pervivencia de prácticas idolátricas; también en Xochimilco fue testigo del culto de los naturales a un ídolo que estaba enclavado en una fuente, mismo que el fraile, con gran celo religioso, cambió por una cruz.

En 1536, se encuentra en la apertura del Imperial Colegio de Santa Cruz de Tlatelolco, institución educativa inspirada en el *calmécac* prehispánico, a la que concurrían los hijos de los principales indígenas; ahí se desempeñó como maestro de gramática y latín. En el Colegio de Santa Cruz se impartía un sistema de estudios que comprendía conocimientos de retórica, lógica y gramática, así como de aritmética, geometría, astronomía, música y nociones de teología; también se cultivaba el análisis de la lengua latina, y posiblemente de la náhuatl y castellana. Si en Salamanca, donde se había formado fray Bernardino antes de profesar en la orden franciscana entre los años de 1516 y 1518, los especialistas en

---

[2] Joaquín García Icazbalceta, *Bibliografía mexicana del siglo XVI*, México, FCE, 1981, p. 328.

hebreo, griego y árabe fueron fundamentales en la labor de traducción y fijación de textos de las Sagradas Escrituras, en el Colegio de Santa Cruz, sus alumnos trilingües resultaron claves para la elaboración de los diversos trabajos que el infatigable fraile se propuso llevar a cabo.

Se trataba, por una parte, de realizar un conjunto de textos religiosos para la evangelización de los naturales. Pero, por otra parte, también se necesitaba conocer el pensamiento y la cultura del posible nuevo creyente a través de su propia expresión, a fin de poder detectar la efectividad de la catequesis. El medio para la realización de ambas empresas era la lengua náhuatl. En ese idioma deberían elaborarse los sermones, evangelios y vidas de santos para la instrucción religiosa que recibirían los indígenas; y, también, en ese idioma debería llevarse a cabo la investigación en torno a la cosmovisión que se deseaba conocer. Ambas tareas las emprendió conjuntamente con sus colaboradores indígenas, como veremos a continuación.

2. Breve referencia a algunas de sus obras

Como ya se mencionó, fueron dos los proyectos que fray Bernardino de Sahagún concibió y que se desarrollaron en forma paralela: una enciclopedia doctrinal que incluía el *Sermonario en lengua mexicana*, la *Psalmodia cristiana* y *Sermonario de los Santos del año*, el *Evangelario* y los *Coloquios y Doctrina cristiana*, entre otros; y una enciclopedia de la cultura de los nahuas del altiplano central que no tuvo parangón alguno, conocida como la *Historia general de las cosas de Nueva España*, elaborada entre 1558 y 1577 en: Tepepulco (1558-1561), Tlatelolco (1561-1565), México Tenochtitlan (1565-1569) y, finalmente, en el Colegio de Santa Cruz, Tlatelolco (1577). La ejecución de esa magna obra contó en un principio con el apoyo de la orden franciscana, como el propio fraile nos lo hace saber en las páginas preliminares de la *Historia*. El padre Francisco de Toral, Comisario de la Provincia del Santo Evangelio, manda al misionero a realizar dicho estudio, pues gozaba ya de un gran prestigio por sus habilidades lingüísticas[3] —ya que se había desempeñado como traductor en un proceso de la Inquisición contra un noble indígena—, así como por su pormenorizada labor doctrinal y académica. Pero la investigación es interrumpida y es despojado de sus manuscritos hasta que la fortuna lo favorece de nuevo y logra concluir finalmente la única versión bilingüe (náhuatl-castellana) de la *Historia general de las cosas de Nueva España* a finales de 1577, 13 años antes de su muerte.

Desde muy pronto, Sahagún comprendió que los textos religiosos que enseñaría a los indígenas en su idioma nativo no deberían ser una mera traducción a partir del castellano. Así, el *Sermonario*, elaborado en los años cuarenta, presenta ya las características que tendrán sus obras; es decir, su concepción fundamentada en la estructura del náhuatl y no en la de una lengua ajena a la de los nuevos catecúmenos.

Sahagún procedió de la misma forma en la confección del complejo doctrinal que se propuso elaborar y en el ambicioso proyecto de la *Historia general:* primero llevó a cabo numerosos borradores que posteriormente fueron revisados y corregidos. En 1548, tenía compuesto el *Sermonario* al que hemos aludido, el cual repasó y amplió en 1563. Lo mismo ocurrió con el *Evangelario,* que finalmente sacó en limpio en

[3] Fray Jerónimo de Mendieta dice al respecto que Sahagún "aprendió en breve la lengua mexicana y súpola tan bien que ninguno otro hasta hoy se le ha igualado en alcanzar los secretos de ella y ninguno tanto se ha ocupado en escribir en ella". En *Historia eclesiástica indiana*, Madrid, Atlas, 1973, vol. 1, p. 186.

1561. Durante su segunda estancia en Tepepulco, de 1558 a 1561, además de iniciar sistemáticamente sus pesquisas antropológicas y lingüísticas, como veremos adelante, para su magna *Historia general,* trabajó en la *Psalmodia* que, a pesar de la resistencia inquisitorial, fue publicada en 1583. Recordemos que Sahagún había estado por primera vez en Tepepulco hacia 1547, donde otro ilustre franciscano, fray Andrés de Olmos, autor de la primera gramática de una lengua indígena del Nuevo Mundo, el *Arte de la lengua mexicana,* había morado.

Por otra parte, Sahagún reelabora durante su estancia en el Colegio de Santa Cruz de Tlatelolco, en 1564, tomando como base unos apuntes en náhuatl encontrados en la biblioteca de ese lugar, otra de las obras que forman parte del complejo doctrinal al que nos hemos venido refiriendo: *Coloquios y doctrina cristiana.* Son éstos el testimonio más antiguo sobre las discusiones cristiano-gentílicas entabladas en el Nuevo Mundo. Aquí transcribimos algunos pasajes:

> Así [los frailes] reunieron, convocaron
> a todos los señores, los gobernantes,
> que vivían, allí, en México:
>
> —Escuchad, amados nuestros,
> en verdad nosotros sabemos,
> hemos visto y hemos escuchado
> que vosotros,
> no ya uno, sino muchos,
> tan numerosos son los que tenéis por dioses,
> a los que honráis,
> a los que servís,
> no pueden contarse los esculpidos
> en piedra, en madera,

que vosotros habéis forjado.
Pero si fueran dioses verdaderos,
si de verdad fueran el dador de la vida,
¿por qué mucho se burlan de la gente?
¿por qué de ella hacen mofa?
¿por qué no tienen compasión
de lo que son hechuras suyas?
¿Por qué también ellos [vuestros dioses],
muchas, sin número,
enfermedades, aflicciones, a vosotros os causan?

Después de escuchar lo anterior, los indios respondieron a los frailes a través de un intérprete.

—Señores nuestros, mucho os habéis afanado,
así habéis llegado a esta tierra,
porque habéis venido a mandar
en vuestra agua, vuestro monte...
Aunque obramos como señores,
somos madres y padres de la gente,
¿acaso aquí, delante de vosotros,
debemos destruir la antigua regla de vida,
la que en mucho tuvieron,
nuestros abuelos, nuestras abuelas,
la que mucho ponderaron,
la que mantuvieron con admiración,
los señores gobernantes?[4]

También fray Bernardino realizó una gramática del náhuatl con un vocabulario, la cual acompañaba a una de las versio-

[4] Véase los *Coloquios y doctrina cristiana*, editados y traducidos por Miguel León-Portilla, México, UNAM, Instituto de Investigaciones Históricas y Fundación de Investigaciones Sociales, 1986, p. 123.

nes de la *Historia general de las cosas de Nueva España* (la de 1569), que desafortunadamente se extravió.

3. Las distintas etapas de elaboración de la "Historia general" y las vicisitudes que tuvo que sortear el fraile para concluirla

Para Sahagún, el conocimiento de la lengua mexicana constituía un eficaz medio para aproximarse al "otro", a ese "otro" al que se propuso estudiar y comprender. De acuerdo con esta premisa, llevó a cabo su estudio antropológico que culminó con los doce libros que conforman su obra más acabada y bilingüe: el *Códice florentino, Historia general de las cosas de Nueva España*. Sahagún penetró en el mundo amerindio valiéndose de su propia lengua; reunió el material obtenido en sus pesquisas con los sabios acolhuas y mexicas en náhuatl, y realizó numerosos borradores y versiones en ese mismo idioma. El resultado de sus primeras indagaciones con los indígenas de Tepepulco fue el manuscrito en náhuatl de 1560 en el que se encuentran ya los fundamentos del gran proyecto que pretendía llevar a cabo. Se trata de un listado de palabras acompañadas, en ocasiones, de sus correspondientes definiciones en náhuatl y de explicaciones relativas a los distintos tópicos que abordó.

El riguroso método utilizado por fray Bernardino para recabar la información que deseaba de los más acreditados informantes de cada una de las regiones mencionadas le ha valido ser considerado, como bien lo ha indicado Miguel León-Portilla, "pionero de las investigaciones antropológicas en el Nuevo Mundo".[5]

---

[5] De ese modo titula uno de sus más importante biógrafos, Miguel León-

Bernardino de Sahagún preparó un pormenorizado cuestionario que hacía referencia a los más diversos componentes del universo indígena en forma jerarquizada, esto es, siguiendo los modelos de las obras enciclopédicas de la Edad Media y el Renacimiento: desde lo "divino" hasta las cosas naturales o terrenas, pasando por las humanas. Pero también dejó que sus informantes se expresaran libremente; de este modo podemos escuchar la voz del "otro", a quien vino a evangelizar, en varias partes de la *Historia general* hablando de manera espontánea de su cultura y sus costumbres.

Los sabios convocados en Tepepulco proporcionaron oralmente la información requerida por el misionero-investigador, a quien mostraron, así mismo, sus códices pictoglíficos, para que sus alumnos trilingües y *tlahcuilos* o pintores que lo acompañaban pudieran reproducir cuanto en ellos se contenía con glosas explicativas en el alfabeto latino.

Las bases del *Códice florentino. Historia general de las cosas de Nueva España,* que por siglos se ha conservado en la Biblioteca Laurenziana de Florencia —de ahí su nombre—, se echaron en Tepepulco, pues los temas que de manera más detenida abordó en éste, prácticamente se encuentran en los cuatro capítulos de lo que Francisco del Paso y Troncoso dio en llamar *Primeros memoriales,* correspondientes a esa región.[6] Más tarde, de nuevo en el Colegio de Santa Cruz Tlatelolco, el infatigable fraile, con su característico espíritu perfeccionista, repasó sus manuscritos y convocó, como lo hiciera en la fase inicial de su investigación, a los sabios de ese lugar para corroborar los datos contenidos en aquellos primeros escritos. Producto de esta etapa de revisión y am-

Portilla, el libro dedicado al fraile: *Bernardino de Sahagún, pionero de la antropología,* México, UNAM y El Colegio Nacional, 1999.

[6] Aunque sólo se conservan los primeros cuatro y el quinto se encuentra extraviado.

pliación, que igualmente forma parte del gran proyecto de la *Historia general*, son los *Segundos memoriales* y *Memoriales con escolios* que se encuentran concentrados en los *Códices matritenses*, los cuales se albergan en dos importantes repositorios de la capital española.

Posteriormente, durante su estancia en el convento de San Francisco de México (1565-1569), Sahagún revisó sus escritos y los distribuyó en libros, capítulos y párrafos, preparando así la estructura definitiva de lo que constituiría lo que se ha calificado como la "Enciclopedia de los nahuas del altiplano central", por el sinnúmero de temas que abarca. Tras una serie de modificaciones que podemos conocer por las referencias que el propio autor deja en sus textos, la magna *Historia general* quedó constituida finalmente por doce libros cuyos temas se distribuyeron de la siguiente forma: I. De los dioses; II. De la fiestas y sacrificios que hacían a las diferentes deidades a lo largo del año y de los himnos sacros que entonaban; III. Sobre el origen de los dioses, concretamente de Tezcatlipoca y Quetzalcóatl; IV. Relativo al calendario; V. De los augurios; VI. Referente a los discursos que en diferentes circunstancias de la vida proferían los antiguos mexicanos; VII. Sobre los astros y la "atadura de los años", VIII. Acerca del gobierno y la forma de vivir de sus gobernantes; IX. De los mercaderes y otros oficios propios de la sociedad indígena; X. Sobre lo que consideraban virtudes y defectos, y sobre las enfermedades y sus curaciones; XI. De la flora, fauna y mundo mineral; XII. Sobre la conquista de México.

Ahora bien, tanto el libro VI, que versa sobre los discursos y refranes que los antiguos mexicanos proferían en distintas circunstancias de su vida, como el XII, el de los desgarradores testimonios que los vencidos dieron de la Conquista, los cuales fueron recogidos por Sahagún en 1547 y 1553 respectivamente, esto es, antes de que iniciara su investigación formal en Tepepulco, fueron concebidos en un inicio como obras independientes de lo que sería su gran complejo enciclopédico; no obstante, en la versión final de su *Historia general* ambos quedaron integrados a éste.

De regreso en Tlatelolco (1569), donde permanecerá hasta sus últimos días, sufre la hostilidad del nuevo provincial de la orden, fray Alonso de Escalona, quien le retira el apoyo económico destinado a los escribanos para concluir el traslado en limpio de sus manuscritos, tarea que difícilmente podría llevar a cabo él solo, tanto por la magnitud de la obra, como por la enfermedad de Parkinson que lo aquejaba; el padre Escalona le ordena entregar sus textos, debido a que habían sido considerados por algunos censores contrarios al voto de pobreza de la orden y a la tarea de conversión que se proponía. Sahagún acude al papa Pío V y a Juan de Ovando, presidente del Consejo de las Indias. A ellos envía una síntesis del contenido y de los propósitos de su obra, y les solicita su apoyo para que le sean restituidos sus papeles;[7] pero no es sino hasta 1575 cuando fray Bernardino logra recuperarlos gracias a la intervención de fray Rodrigo de Sequera, quien sustituye a Alonso de Escalona.

Bernardino de Sahagún concluye así la traducción al castellano del monumental tratado, con la ayuda de los escribanos y *tlahcuilos* (pintores), quienes se encargan de sacar en limpio los textos y de realizar las bellísimas imágenes (alrededor de 1845 y 623 viñetas decorativas de diversos motivos) que ilustrarán los cuatro volúmenes de lo que será la obra más acabada de la *Historia general*, conocida como *Códice florentino*. Destaca entre ellos el indio tlatelolca Agustín de la Fuente, quien llevó a cabo las láminas que acompañan

---

[7] El *Sumario* que envió a Juan de Ovando ha desaparecido, pero afortunadamente el *Breve Compendio* dirigido al Papa Pío V se conserva en el Archivo Secreto Vaticano, e incluso fue publicado en 1942 por Livario Oliger.

al texto del Libro Nono en el que se hace referencia a los plateros y oficiales de pluma; pero, igualmente, la mayor parte de los libros que conforman el *Códice* se ilustra con gran colorido y pericia plástica, y en algunos de estos dibujos, realizados después de 50 años de la Conquista, se alcanza a apreciar aún las formas de representación prehispánica.

En 1580, fray Rodrigo de Sequera, su benefactor, regresa al viejo mundo con los cuatro bellos tomos para que sean difundidos y sea admirada la historia y cultura de los mexicanos. El padre Sequera ordena sacar una copia sólo de la columna castellana, la cual pasa al convento de Tolosa; en tanto que la obra bilingüe e ilustrada de Sahagún y sus colaboradores indígenas llevada de México pasa a formar parte de la Biblioteca Medicea Laurenziana de Florencia.

Hoy, después de afortunados descubrimientos y diversas ediciones por parte de investigadores mexicanos y extranjeros, los diferentes manuscritos que conforman la magna *Historia general de las cosas de Nueva España,* incluyendo, por supuesto, el más acabado de ellos, el *Códice florentino,* se han convertido en fuente de obligada consulta para los estudiosos del México antiguo.

4. Sus últimos años

De 1580 a 1590 continuó fray Bernardino revisando nuevamente algunos textos, como el de la Conquista, al que hizo algunas modificaciones, entre las que destacan una exaltación mayor de la figura del conquistador Hernán Cortés, y tuvo, así mismo, la enorme satisfacción de ver publicada en 1583 la *Psalmodia Christiana y Sermonario de los Sanctos del año, en lengua mexicana.* Esta obra fue la única que salió a la luz en vida del fraile, y su propósito era sustituir los cantares antiguos, pletóricos de belleza literaria, los cuales contenían aún reminiscencias del pensamiento pagano indígena, por cantos propios de la fe cristiana en lengua náhuatl.

También el fraile trabajó en los últimos años de su vida en la elaboración de una nueva versión del calendario y un arte adivinatoria, las cuales afortunadamente se conservan en el Fondo Reservado de la Biblioteca Nacional de México.

Según algunos testimonios, Sahagún murió el 5 de febrero de 1590, a la edad de 91 años.[8] Como consecuencia de un fuerte catarro, fue trasladado a la enfermería de San Francisco, y allí, como cuenta fray Jerónimo de Mendieta, cronista de la orden franciscana, dijo: "'Agora sí que es llegada la hora'. Y mandó traer ante sí a sus hijos, los indios que criaba en el Colegio y, despidiéndose de ellos, fue llevado a México donde, acabados de recibir devotamente los sacramentos en el convento de San Francisco de la dicha ciudad murió bienaventuradamente en el Señor y está allí enterrado".

5. Características de esta edición

A continuación se presenta una selección de las fiestas y los rituales que llevaban a cabo los antiguos mexicanos, contenidos en el Libro Segundo de la *Historia general de las cosas de Nueva España,* así como de las supersticiones que en torno a los signos calendáricos tenían y las manifestaciones del pensamiento mágico que impregnaba su vida cotidiana; ésta corresponde al Libro Cuarto de la *Historia.*

Fray Bernardino se percató muy pronto de que los mexicanos eran un pueblo profundamente religioso, con una amplia

---

[8] Así lo consignan los *Anales mexicanos número 4,* que se conservan en el archivo reservado de la Biblioteca Nacional de Antropología e Historia.

diversidad de cultos; por eso, desde los inicios de su investigación de campo realizada, como hemos visto, en Tepepulco, solicitó a sus informantes una relación detallada acerca de sus ritos, para conocerlos, mostrarlos a sus compañeros de orden y poder así extirparlos, e implantar con mayor eficacia la fe católica. En el pormenorizado recuento que aparece en las páginas que siguen hallaremos cuadros propios de la antigua sociedad mexica: el nombre de la fiesta, sus creencias, la indumentaria de los participantes en cada ceremonia, sus formas de abstinencia, y los diferentes sacrificios que hacían a lo largo de cada mes del año. El padre Ángel María Garibay, uno de los más importantes estudiosos y editores de la obra sahaguniana, advierte que este libro es literariamente hablando uno de los "más llenos de interés y valor, porque dan la manera de ver y sentir de los indios".[9]

Por lo que toca al tema relativo al calendario —o, como lo titula fray Bernardino, "la astrología judiciaria o arte de adivinar"—, se presentan aquí los capítulos que nos parecieron más interesantes, a fin de que se conozca la forma en que los antiguos mexicanos concebían el universo y el destino que les deparaba el signo calendárico en el que habían nacido.

A partir de la paleografía realizada por Alfredo López Austin y Josefina García Quintana[10] se ha elaborado la edición de los Libros antes mencionados de la *Historia general*. Sin embargo, para facilitar la lectura, en la presente edición, se modernizaron las letras de algunos términos, como *j* por *x* (bajo por baxo), *e* por *i* (ceremonias por cerimonias), *i* por *e*

[9] En la *Historia general de las cosas de Nueva España*, edición, numeración, anotaciones y apéndices de Ángel María Garibay, México, Porrúa, 1981, p. 101.

[10] Véase Bernardino de Sahagún, *Historia general de las cosas de Nueva España*, 3 tomos, estudio introductorio, paleografía, glosario y notas de Alfredo López Austin y Josefina García Quintana, México, Conaculta, 2000.

(*incienso* por *encienso*); se corrigieron algunas erratas y construcciones propias de la época (frecuente uso del gerundio introducido por la preposición *en: en amaneciendo);* y se separaron algunas palabras que aparecen unidas en el texto original *(de ello* por *dello, de esta* por *desta).* Así mismo, se ha hecho concordar el género y número de algunas palabras, y también de ciertos tiempos y modos verbales que lo requerían. Todos estos cambios se señalan entre corchetes, así como la adición de algunas preposiciones y otros elementos gramaticales que se consideraron necesarios para la lectura fluida del texto. También se modificaron algunos signos de puntuación propuestos por los primeros paleógrafos del texto español del *Códice florentino.*

Igualmente, se ha anotado a pie de página el significado de algunos términos castellanos antiguos y nahuas, a fin de facilitar la comprensión de esta magna obra elaborada en la Nueva España del siglo xvi.

Pilar Máynez

Libro Segundo

QUE TRATA DEL CALENDARIO, FIESTAS
Y CER[E]MONIAS, SACRIFICIOS
Y SOL[EM]NIDADES QUE ESTOS NATURALES
[DE ESTA] NUEVA ESPAÑA HACÍAN
A HONRA DE SUS DIOSES

PRÓLOGO

Todos los escr[it]ores[1] traba[j]an [en] autorizar sus escr[it]uras lo mejor que pueden, unos con testigos fidedignos, otros con otros escr[it]ores que ante[s de ellos] han escr[it]o, los testimonios de los cuales son habidos por ciertos; otros con testimonio de la Sagrada Escr[it]ura. A mí me han faltado todos estos fundamentos para autorizar lo que en estos doce libros tengo escr[it]o, y no hallo otro fundamento para autorizarlo sino poner aquí la rela[c]ión de la diligen[c]ia que hice para saber la verdad de todo lo que en estos libros he escr[it]o. Como en otros prólogos [de esta] obra he dicho, a mí me fue mandado por sa[nt]a obediencia de mi prelado mayor que escribiese en lengua mexicana lo que me pareciese ser útil para la doctrina, cultura y manutenencia de la cristiandad [de estos] naturales [de esta] Nueva España, y para ayuda de los obreros y ministros que los doctrinan. Recibido este mandamiento, hice en lengua castellana una minuta o memoria de todas las materias de que había de tratar, que fue lo que está escr[it]o en los doce libros, y la postilla y cánticos. Lo cual se puso de prima tijera en el pueblo de Tepepulco, que es de la provincia de Aculhuacan o Tezcucu. Hízose [de esta] manera: en el dicho pueblo hice juntar todos los principales con el señor del pueblo, que se llamaba don Diego de Mendoza, hombre anciano, de gran marco y habilidad, muy e[x]perimentado en todas las cosas curiales, bélicas y políticas, y aun idolátricas. Habiéndolos juntado, propúseles lo que pretendía

[1] Dice *escriptores* y más adelante *escripturas* y *escriptos*.

hacer, y pedíles me diesen personas hábiles y e[x]perimentadas con quien pudiese platicar y me supiesen dar razón de lo que l[e]s preguntase. Ellos me respondieron que se hablarían [a]cerca de lo propuesto, y que otro día me responderían, y a[s]í se despidieron de mí. Otro día vinieron el señor con los principales, y hecho un muy sole[m]ne parlamento, como ellos entonces le usaban hacer, señaláronme hasta diez o doce principales ancianos, y di[j]éronme que con aquellos podía comunicar y que ellos me darían razón de todo lo que les preguntase. Estaban también allí hasta cuatro latinos, a los cuales yo pocos años antes había enseñado la gramática en el Colegio de Santa Cruz en el Tlatilulco. Con estos principales y gramáticos, también principales, platiqué muchos días, cerca de dos años, siguiendo [el] orden de la minuta que yo tenía hecha. Todas las cosas que conferimos me las dieron por pinturas, que aquélla era la escr[it]ura que ellos antiguamente usaban, y los gramáticos las declararon en su lengua, escribiendo la declara[c]ión al pie de la pintura. Tengo aún a[h]ora estos originales. También en este tiempo dicté la postilla y los cantares. Escribiéronlos los latinos en el mismo pueblo de Tepepulco.

Cuando al capítulo donde cumplió su hebdómada el padre fray Francisco Toral, el cual me impuso esta carga, me mudaron de Tepepulco; llevando todas mis escrituras, fui a morar a Sa[nt]iago del Tlatelulco, donde juntando los principales l[e]s propuse el nego[c]io de mis escrituras y l[e]s demandé me señalasen algunos principales hábiles con quien examinase y platicase las escr[it]uras que de Tepepulco traía escr[it]as. El gobernador con los alcaldes me señalaron hasta ocho o diez principales escogidos entre todos, muy hábiles en su lengua y en las cosas de sus antiguallas, con los cuales y con cuatro o cinco colegiales, todos trilingües, por espacio de un año y algo más, encerrados en el Colegio, se enmendó, declaró y añadió todo lo que de Tepepulco tr[aj]e escr[it]o, y todo se tornó a escribir de nuevo, de ruin letra, porque se escribió con mucha pr[i]sa. En este escrutinio o examen el que más traba[j]ó de todos los colegiales fue Martín Jacobita, que entonces era rector del Colegio, vecino del Tlatilulco, del barrio de Sa[nt]a Ana.

Habiendo hecho lo dicho en el Tlatilulco, vine a morar a San[2] Francisco de México, con todas mis escr[it]uras, donde por espacio de tres años pasé y repasé a mis solas todas mis escr[it]uras, y las torné a enmendar y dividílas por libros, en doce libros, y cada libro por capítulos, y algunos libros por capítulos y párrafos. Después [de esto], siendo provincial el padre fray Miguel Navarro y guardián del Convento de México el padre fray Diego de Mendoza, con su favor se sacaron en blanco, de buena letra, todos los doce libros, y se enmendó y sacó en blanco la postilla y los cantares, y se hizo un arte de la lengua mexicana con un vocabulario [como] apéndi[ce], y los mexicanos enmendaron y añadieron muchas cosas a los doce libros cuando se iba sacando en blanco, de manera que el primer cedazo por donde mis obras se cernieron fueron los de Tepepulco; el segundo, los del Tlatilulco; el tercero, los de México, y en todos estos escrutinios hubo gramáticos colegiales. El principal y más sabio fue Antonio Valeriano, vecino de Azcaputzalco; otro, poco menos que éste, fue Alonso Vegerano, vecino de Cuauhtitlan; otro fue Martín Jacobita, de[l] que arriba hice mención. Otro, Pedro de San Buenaventura, vecino de Cuauhtitlan; todos e[x]pertos en tres lenguas: latina, española y indiana. Los escribanos que sacaron de buena letra todas las obras son Diego de Grado, vecino del Tlatilulco, del barrio de la Concep[c]ión; Bonifacio Maximiliano, vecino del Tlatilulco, del barrio de San Martín; Mateo

---

[2] En el original dice *Sanct*.

Severino, vecino de Xuchimilco, de la parte de Ullac. [Después que][3] estas escrituras estuvieron sacadas en blanco, con el favor de los padres arriba nombrados, en que se gastaron hartos tomines con los escribientes, el autor [de ellas] demandó al padre comisario, fray Francisco de Ribera, que se viesen de tres o cuatro religiosos, para que aquellos di[j]esen lo que les parecía [de ellas], en el capítulo provincial que estaba propincuo.[4] Los cuales l[a]s vieron y dieron relación [de ellas] al d[e]finitorio en el mismo capítulo, diciendo lo que los parecía; y di[j]eron en el d[e]finitorio que eran escrituras de mucha estima, y que debían ser favorecidas para que se acabasen. Algunos de los d[e]finidores les pareció que era contra la pobreza gastar dineros en escribi[rse] aquellas escrituras, y [así] mandaron al autor que despidiese a los escribanos y que él solo escribiese de su mano lo que quisiese en ellas; el cual, como era mayor de setenta años y por temblor de la mano no pu[do] escr[i]bir nada, ni se pudo alcanzar dispensación [de este] mandamiento, estuvieron las escrituras sin hacer nada en ellas más de cinco años. En este tiempo, en el capítulo siguiente, fue elegido por *custos custodum* para el capítulo general el padre fray Miguel Navarro, y por provincial fray Alonso de Escal[o]na. En este tiempo el autor hizo un sumario de todos los libros y de todos los capítulos de cada libro, y los prólogos, donde en brevedad se decía todo lo que se contenía en los libros. Este sumario llevó a España el padre fray Miguel Navarro y su compañero el padre fray Jerónimo de Mendieta. Y [así] se supo en España lo que estaba escrito acerca de las cosas [de esta] tierra. En este medio tiempo el padre provincial tomó todos los libros al dicho autor y se esparcieron por toda la Provincia, donde fueron vistos de mu-

---

[3] Como en otras partes de la obra, dice *desque*.
[4] Cercano, próximo.

chos religiosos y aprobados por muy preciosos y provechosos. Después de algunos años, volviendo de[l] capítulo general el padre fray Miguel Navarro, el cual vino por comisario [de estas] partes, en censuras tornó a recoger los dichos libros a petición del autor, y [después que] estuvieron recogidos, [de ahí] a un año, poco más o menos, vinieron a poder del autor. En este tiempo ninguna cosa se hizo en ellos, ni hubo quien favoreciese para acabarse de traducir en romance,[5] hasta que el padre comisario general fray Rodrigo de Sequera vino a estas partes y los vio, y se contentó mucho [de ellos], y mandó al dicho autor que los tradu[j]ese en romance, y proveyó de todo lo necesario para que se escribiesen de nuevo, la lengua mexicana en una colu[m]na y el romance en la otra, para los enviar a España, porque los procuró el ilustrísimo señor don Juan de Ovando, presidente del Consejo de Indias, porque tenía noticia [de estos] libros por razón del sumario que el dicho padre fray Miguel Navarro había llevado a España, como arriba se di[j]o. Todo lo sobredicho hace al propósito de que se entienda que esta obra ha sido examinada y apurada por muchos, y en muchos años, y se han pasado muchos trabajos y desgracias hasta ponerla en el estado que a[h]ora está.

AL SINCERO LECTOR

Es de notar, para la inteligencia del calendario que se sigue, que los meses son desiguales de los nuestros en números y en días, porque los meses [de estos] naturales son diez y ocho, y cada uno [de ellos] no tiene más de veinte días. Y así son todos los días que se contienen en estos meses trescientos y sesenta. Los cinco días postreros del año no vienen en cuenta

[5] Quiere decir al español.

de ningún mes, mas antes los de[j]an fuera de la cuenta por baldíos. Van señalados los meses [de estos] naturales al principio del calendario por su cuenta y letras del abecé. De la otra parte contraria van señalados los nuestros meses por letras del abecé, y por su cuenta. Y [así] se puede fácilmente entender cada fiesta de las suyas en qué día caía de los nuestros meses. Las fiestas movibles que están al fin del calendario recopiladas salen de otra manera de cuenta que usaban en el arte adivinatoria, que contiene doscientos y sesenta días, en la cual hay fiestas, y como esta cuenta no va con la cuenta del año, ni tiene tantos días, vienen las fiestas a variarse, cayendo en días diferentes un año de otro.

CAPÍTULO XX
De la fiesta y sacrificios que hacían en las calendas del primero mes, que se llamaba Atlcahualo *o* Cuahuitlehua[1]

No HAY necesidad en este Segundo Libro de poner confutación[2] de las cer[e]monias idolátricas que en él se cuentan, porque ellas de suyo son tan crueles y tan inhumanas que a cualquiera que las leyere le pondrán horror y espanto. Y así, no haré más que poner la relación simplemente a la letra.

En las calendas del primero mes del año, que se llama *Cuahuitlehua*, y los mexicanos le llamaban *Atlcahualo*, el cual comenzaba [el] segundo día de [f]ebrero, hacían gran fiesta a honra de los dioses del agua o de la lluvia llamados *tlaloque*.[3]

Para esta fiesta buscaban muchos niños de teta, comprándolos a sus madres. Escogían aquellos que tenían dos remolinos en la cabeza, y que hubiesen nacido en buen signo. Decían que éstos eran más agradable sacrificio a estos dioses para que diesen agua en su tiempo. A estos niños llevaban a matar a los montes altos, donde ellos tenían hecho voto de ofrecer. A unos [de ellos] sacaban[l[e]s [los] corazones en aquellos montes, y a otros, en ciertos lugares de la laguna de México. El un lugar llamaban Tepetzinco, monte conocido que está en la laguna; y a otros en otro monte que se llama

---

[1] *Cuahuitlehua* quiere decir: "se alza el árbol", y *Atlcahualo*, "el agua es dejada".

[2] Impugnar de modo convincente la opinión contraria.

[3] "Los que yacen en la tierra."

Tepepulco, en la misma laguna; y a otros en el remolino de la laguna, que llamaban Pantitlan. Gran cantidad de niños mataban cada año en estos lugares. Después de muertos, los cocían y comían.

En esta misma fiesta, en todas las casas y palacios, levantaban unos palos como varales, en las puntas de los cuales ponían unos papeles llenos de gotas de *ulli*,[4] a los cuales papeles llamaban *amatetéhuitl*. Esto hacían a honra de los dioses del agua.

Los lugares donde mataban los niños son los siguientes: el primero se llama Cuauhtépetl. Es una sierra eminente que está cerca del Tlatelulco. A los niños o niñas que allí mataban poníanl[e]s el nombre del mismo monte, que es Cuauhtépetl. A los que allí mataban componíanlos con los papeles teñidos de color encarnado. Al segundo monte sobre que mataban niños llámanle Yoaltécatl. Es una sierra eminente que está cabe[5] Guadalope. Ponían el mismo nombre del monte a los niños que allí morían, que es Yoaltécatl. Componíanlos con unos papeles teñidos de negro con unas rayas de tinta colorada. El tercero monte sobre que mataban niños se llama Tepetzinco. Es aquel montecillo que está dentro de la laguna, frontero del Tlatelulco. Allí mataban una niña y llamábanla Quetzálxoch, porque así se llama también el monte por otro nombre. Componíanla con unos papeles teñidos de tinta azul. El cuarto monte sobre que mataban niños se llama Poyauhtla. Es un monte que está en los términos de Tlaxcalla, y allí, cabe Tepetzinco, a la parte del oriente, tenían edificada una casa que llamaban *ayauhcalli*.[6] En esta casa mataban niños a honra de aquel monte, y llamábanlos Po-

[4] *Ulli* o *hule* es una palabra náhuatl que se usa en la actualidad todavía para referirse a una goma elástica.

[5] Cerca de, junto a.

[6] "Casa de la niebla."

yauhtla, como al mismo monte que está acullá en los términos de Tlaxcalla. Componíanlos con unos papeles rayados con aceite de *ulli*. El quinto lugar en que mataban niños era el remolino o sumidero de la laguna de México, al cual llamaban Pantitlan. A los que allí m[o]rían llamaban Epcóatl. El atavío con que los aderezaban eran unos atavíos que llamaban *epnepanyuhqui*.[7] El sexto lugar o monte donde mataban estos niños se llama Cócotl. Es un monte que está cabe Chalco Atenco. A los niños que allí mataban llamábanlos Cócotl, como al mismo monte, y aderezábanlos con unos papeles, la mitad colorados y la mitad leonados.[8] El séptimo lugar donde mataban los niños era un monte que llaman Yiauhqueme, que está cabe Atlacuihuaya. Poníanl[e]s el nombre del mismo monte. Ataviábanlos con unos papeles teñidos de color leonado.

Estos tristes niños, antes que los llevasen a matar, aderezábanlos con piedras preciosas, con plumas ricas y con mantas y maxtles[9] muy curiosos y labrados, y con cotaras[10] muy labradas y curiosas, y poníanl[e]s unas alas de papel como ángeles, y teñíanl[e]s las caras con aceite de *ulli*, y en medio de las me[j]illas l[e]s ponían una roda[j]ita de blanco. Y poníanl[e]s en unas andas muy aderezadas, con plumas ricas y con otras joyas ricas, y, llevándolos en las andas, íbanles tañendo con flautas y trompetas que ellos usaban. Y, por donde los llevaban, toda la gente lloraba. Cuando llegaban con ellos a un oratorio que estaba junto a Tepetzinco, de la parte del occidente, al cual llamaban Tozocan, allí los tenían toda una noche velando y cantábanles cantares los sacerdotes de los ídolos porque no durmiesen. Y cuando ya llegaban los

[7] "Travesaño de concha nácar."
[8] Rubio oscuro.
[9] Taparrabos o banda ancha que baja hasta los muslos.
[10] Sandalias.

niños a los lugares adonde los habían de matar, si iban llorando y echaban muchas lágrimas, alegrábanse[11] los que los v[e]ían llorar porque decían que era señal que ll[o]vería presto. Y si topaban en el camino [con] algún hidrópico,[12] teníanlo por mal agüero y decían que ellos i[m]p[e]dían la lluvia.

Si alguno de los ministros del templo, y otros que llamaban *cuacuacuilti*,[13] y los viejos, se volvían a sus casas y no llegaban a donde habían de matar los niños, teníanlos por infames [e] indignos de ningún oficio público de ahí adelante. Llamábanlos *mocauhque*, que quiere decir, "de[j]ados".

Tomaban pronóstico de la lluvia y de la helada del año, de la venida de algunas aves y de sus cantos.

Hacían otra crueldad en esta misma fiesta, que todos los ca[u]tivos[14] los llevaban a un templo que llamaban Yopico, del dios Tótec. En este lugar, después de muchas cer[e]monias, ataban a cada uno [de ellos] sobre una piedra como muela de molino, y atábanlos de manera que pudiesen andar por toda la circ[u]nferencia de la piedra, y dábanl[e]s una espada de palo sin navajas y una rodela, y poníanl[e]s pedazos de madero de pino para que tirasen. Y los m[i]smos que los habían ca[u]tivado iban a pelear con ellos, con espadas y rodelas, y derrocándolos llevábanlos luego al lugar del sacrificio, donde echados de espalda sobre una piedra de altura de tres o cuatro palmos y de anchura de palmo y medio en cuadro, que ellos llamaban *téchcatl*,[15] tomábanlos dos por los pies y otros dos por los brazos, y otro por la cabeza, y otro con un nava-

---

[11] Esta lectura la sugieren Alfredo López Austin y García Quintana. En el manuscrito aparece *a[l]legábanse*.

[12] Se dice de los sedientos en exceso, pero también de los que padecen algún derrame o acumulación anormal.

[13] "Cabezas rapadas."

[14] En todo el texto original dice *captivo* y *captivos*.

[15] Probablemente significa "algodón pétreo".

jón de pedernal con un golpe se le s[u]mía por los pechos, y por aquella abertura metía la mano y le arrancaba el corazón, el cual luego le ofrecía al Sol y a los otros dioses, señalando con él hacia las cuatro partes del mundo. Hecho esto, echaban el cuerpo por las gradas aba[j]o, [e] iba rodando y dando golpes hasta llegar aba[j]o. Llegando[16] aba[j]o, tomábale el que le había ca[u]tivado, y hecho pedazos le repartía para comerle cocido.

EXCLAMACIÓN DEL AUTOR

No creo que hay corazón tan duro que oyendo una crueldad tan inhumana, y más que bestial y endiablada como la que arriba queda puesta, no se enternezca y mueva a lágrimas y horror y espanto. Y ciertamente es cosa lamentable y horrible ver que nuestra humana naturaleza haya venido a tanta ba[j]eza y opro[b]io que los padres, por sugestión del Demonio, maten y coman a sus hijos, sin pensar que en ello hacían ofensa ninguna, mas antes con pensar que en ello hacían gran servicio a sus dioses. La culpa [de esta] tan [c]ruel ceguedad que en estos desdichados niños se e[j]ecutaba no se debe tánto imputar a la crueldad de los padres, los cuales derramando muchas lágrimas y con gran dolor de sus corazones la e[j]ercitaban, cuanto al cruelísimo odio de nuestro antiquísimo enemigo Satanás, el cual con malignísima astucia los persuadió a tan infernal hazaña. ¡Oh, señor Dios, haced justicia de este cruel enemigo, que tanto mal nos hace y nos desea hacer! ¡Quitalde, señor, todo el poder de empecer![17]

---

[16] En el original dice *en llegando*.
[17] Dañar.

CAPÍTULO XXI

*De las cer[e]monias y sacrificios
que se hacían en el segundo mes,
que se llamaba* Tlacaxipehualiztli

EN EL postrero día del dicho mes hacían una muy sole[m]ne fiesta a honra del dios llamado Xipe Tótec, y también a honra de Huitzilopuchtli.[1] En esta fiesta mataban todos los ca[u]tivos, hombres y mujeres y niños. Antes que los matasen hacían muchas cer[e]monias, [que][2] son las siguientes:

[En] la vigilia de la fiesta, después de medio día, comenzaban muy solemne areito[3] y velaban por toda la noche los que habían de morir en la casa que llamaban *calpulco.* Aquí l[e]s arrancaban los cabellos del medio de la corona de la cabeza. Junto al fuego hacían esta cer[e]monia. Esto hacían a la media noche, cuando solían sacar sangre de las orejas para ofrecer a los dioses, lo cual siempre hacían a la media noche. Al alba de la mañana llevábanlos a donde habían de morir, que era al templo de Huitzilopuchtli. Allí los mataban los ministros del templo, de la manera que arriba queda dicho, y a todos los desollaban. Y por esto llamaban a la fiesta *Tlacaxipehualiztli,* que quiere decir, "desollamiento de hombres". Y a ellos los llamaban *xipeme,* y, por otro nombre, *tototecti.* Lo primero quiere decir, "desollados"; lo segundo quiere decir, "los muertos a honra del dios Tótec".

[1] Nombre que significa "Colibrí de la izquierda".

[2] Adición propuesta en la edición de Alfredo López Austin y Josefina García Quintana.

[3] Vocablo taíno muy usado en el continente americano que se refiere a los cantos y danzas de los antiguos indígenas.

Los dueños de los ca[u]tivos los entregaban a los sacerdotes aba[j]o, al pie del *cu*,[4] y ellos los llevaban por los cabellos, cada uno al suyo, por las gradas arriba. Y, si alguno no quería ir de su agrado, llevábanle arrastrando hasta donde estaba el ta[j]ón de piedra donde le habían de matar. Y, sacando a cada uno [de ellos] el corazón y ofreciéndole como arriba se di[j]o, luego le echaban por las gradas aba[j]o, donde estaban otros sacerdotes que los desollaban. Esto se hacía en el cu de Huitzilopuchtli.

Todos los corazones, después de habér[selos] sacado y ofrecido, los echaban en una [j]ícara de madero, y llamaban a los corazones *cuauhnochtli*,[5] y a los que morían después [de] sacados los corazones los llamaban *cuauhtécah*.[6] Después de desollados, los viejos llamados *cuacuacuilti* llevaban los cuerpos al *calpulco*, adonde el dueño del ca[u]tivo había hecho su voto o prometimiento. Allí le dividían y enviaban a Motecuzoma un muslo para que comiese, y lo demás lo repartían [entre] los otros principales o parientes. Íbanlo a comer a la casa del que ca[u]tivó al muerto. Cocían aquella carne con maíz, y daban a cada uno un pedazo de aquella carne en una escudilla o ca[j]ete, con su caldo y su maíz cocid[o], y llamaban aquella comida *tlacatlaolli*.[7] Después de haber comido andaba la borrachería.

Otro día, amaneciendo, después de haber velado toda una noche, acuchillaban sobre la muela [a] otros ca[u]tivos, como se di[j]o en el capítulo pasado, los cuales llamaban *huahuanti*.[8] También a éstos l[e]s arrancaban los cabellos de la corona de la cabeza, y los guardaban como reliquias.

[4] "Adoratorio."
[5] "Tuna de águila."
[6] "Los de la región del águila."
[7] "Maíz de hombre."
[8] "Los rayados."

Otras cer[e]monias muchas hacían en esta fiesta, que se quedan por no dar fastidio al lector, aunque todas están e[x]plicadas en la lengua.[9]

Hacían en esta fiesta unos juegos que son los siguientes:

[De] todos los pellejos de los desollados se vestían muchos mancebos, a los cuales llamaban *tototecti*. Poníanse todos sentados sobre unos lechos de heno o de *tízatl* o greda. Estando allí sentados, otros mancebos provocábanl[e]s a pelear, o con palabras o con pellizcos, y ellos echaban tras los que les incitaban a pelear, y los otros huían, y alcanzándolos comenzaban a luchar o pelear los unos con los otros, y se prendían los unos a los otros, y encerraban a los presos, y no salían de la cárcel sin pagar alguna cosa.

Acabando[10] esta pelea, luego comenzaban a cuchillar a los que habían de morir a cuchilladas sobre la muela. Peleaban contra ellos cuatro, los dos vestidos como tigres y los otros dos como águilas. Y antes que comenzasen a pelear levantaban la rodela y la espada hacia el Sol, como demandando esfuerzo al Sol, y luego comenzaban a pelear uno contra uno. Y si era valiente el que estaba atado y se defendía bien, acometíanl[e] dos, y después tres, y si todavía se defendía, acometíanle todos cuatro. En esta pelea iban bailando y haciendo muchos meneos los cuatro.

Cuando iban a acuchillar a los ya dichos, hacían una procesión muy solemne [de esta] manera: salían de lo alto del cu que se llamaba Yopico muchos sacerdotes aderezados con ornamentos, que cada uno representaba a uno de los dioses. Eran en gran número. Iban ordenados como en procesión. Detrás de todos iban los cuatro, dos tigres y dos águilas, que

---

[9] Se refiere a la parte de la *Historia general de las cosas de Nueva España* escrita en náhuatl, la cual proporciona con más detalle cierta información.

[10] En el original dice *en acabando*.

eran hombres fuertes. Iban haciendo ademanes de pelea con la espada y con la rodela, como quien esgrime, y, llegando aba[j]o, iban hacia donde estaba la piedra como muela donde acuchillan a los ca[u]tivos, y rodeábanla todos y sentábanse en torno [de ella], algo redrados[11] en sus icpales, que llamaban *quecholicpalli*. Estaban todos ordenados.

El principal sacerdote de aquella fiesta, que se llamaba Yohuallahua, se [s]entaba en el más honrad[o] lugar, porque él tenía cargo de sacar los corazones [a] aquellos que allí morían. Y estando sentados, comenzaban luego a tocar flautas, trompetas, caracoles, y a dar silbos y a cantar. Éstos que cantaban y tañían llevaban todos banderas de pluma blanca sobre los hombros, en sus astas largas, y sentábanse todos ordenadamente en torno de la piedra, algo más le[j]os que los sacerdotes. Estando todos sentados, venía uno de los que tenía ca[u]tivos para matar, y traía a su ca[u]tivo de los cabellos hasta la piedra donde le habían de acuchillar. Allí le daban a beber vino de la tierra o pul[qu]e,[12] y como el ca[u]tivo recibía la [j]ícara del pul[qu]e, alzábala contra el oriente y contra el septentrión, y contra el occidente, y contra mediodía, como ofreciéndola hacia las cuatro partes del mundo. Y luego bebía, no con la [j]ícara, sino con una caña hueca, chupando, y luego venía un sacerdote con una codorniz, y cortaba la cabeza, arrancándosela delante del ca[u]tivo que había de morir, y luego el m[i]smo sacerdote tomaba la rodela al ca[u]tivo, y levantábala hacia arriba, y luego la codorniz que había cortado la cabeza echábala atrás de sí. Hecho esto, luego hacían subir al ca[u]tivo sobre la piedra redonda, a manera de muela, y estando sobre la piedra al ca[u]tivo venía uno de los sacerdotes o ministros del templo, vestido con un cuero

[11] Apartados, separados.
[12] *Pulque* es una palabra de origen antillano ampliamente difundida en el español. En el texto original siempre aparece como *pulcre*.

de oso, el cual era como padrino de los que allí morían, y tomaba una soga, la cual salía por el ojo de la muela, y atábale por la cintura con ella. Luego le daba su espada de palo, la cual en lugar de navajas tenía plumas de aves pegadas por el corte, y dábale cuatro garrotes de pino con que se defendiese y con que tirase a sus contrarios.

El due[ñ]o del ca[u]tivo, de[j]ándole [de esta] manera ya dicha sobre la piedra, íbase a su lugar, y desde allí miraba lo que pasaba con su ca[u]tivo, bailando.[13]

Luego los que estaban aparejados para la pelea comenzaban a pelear con el ca[u]tivo de uno en uno. Algunos ca[u]tivos, que eran valientes, cansaban a los cuatro peleando y no le podían rendir. Luego venía otro quinto, que era izquierdo, el cual usaba de la mano izquierda por derecha. Éste le rendía y quitaba las armas, y daba con él en tierra. Luego venía el que se llamaba Yohuallahua, y le abría los pechos, y le sacaba el corazón.

Algunos de los ca[u]tivos, viéndose sobre la piedra atados, luego desmayaban y perdían el ánimo, y como desmayados y desanimados tomaban las armas; mas luego se de[j]aban vencer y l[e]s sacaban los corazones sobre la piedra.

Algunos ca[u]tivos había que luego se amortecían; como se v[e]ían sobre la piedra atados echábanse en el suelo, sin tomar arma ninguna, deseando que luego les matasen, y así le[s] tomaban echándolos de espaldas sobre la orilla de la piedra. Aquel llamado Yohuallahuan abríale los pechos y sacábale el corazón y ofrecíale al Sol. Echábale en la [j]ícara de madero. Y luego otro sacerdote tomaba un cañuto de caña hueca, y metíalo en el agujero por donde le habían sacado el corazón, y teniéndola en la sangre, tornábala a sacar y ofrecía aquella sangre al Sol. Luego venía el dueño del ca[u]tivo y

---

[13] En el texto original dice *estando bailando*.

rec[i]bía la sangre del ca[u]tivo en una [j]ícara bordada con plumas [en] toda la orilla. En la misma [j]ícara iba un cañuto también aforrado con plumas. Iba luego a andar las estaciones, visitando todas las estatuas de los dioses por los templos y por los calpules. A cada una [de ellas] ponía el cañuto teñido en la sangre, como dándole a gustar la sangre de su ca[u]tivo. Haciendo esto, iba co[m]puesto con sus plumajes y con todas sus joyas.

Habiendo visitado todas las estatuas del pueblo, y habiéndoles dado a gustar la sangre d[e] su ca[u]tivo, iba luego al palacio real a descomponerse, y el cuerpo de su ca[u]tivo llevábal[o] a la casa que llamaban *calpulco*, donde había tenido la vigilia la noche antes, y allí l[o] desollaban. De allí llevaba [e]l cuerpo desollado a su casa. Allí le dividía y hacía presentes de la carne a sus superiores, amigos y parientes.

El señor del ca[u]tivo no comía de la carne porque hacía de cuenta que aquella era su misma carne, porque desde la hora que le ca[u]tivó le tenía por hijo, y el ca[u]tivo a su señor por padre, y por esta razón no quería comer de aquella carne. Empero, comía de la carne de los otros ca[u]tivos que se había[n] muerto. El pellejo del ca[u]tivo era del que le había ca[u]tivado, y él l[o] prestaba a otros para que l[o] vistiesen y anduviesen por las calles con él, como con cabeza de lobo. Y todos le daban alguna cosa al que lo llevaba vestido, y él lo daba todo al dueño del pellejo, el cual lo dividía entre aquellos que le habían traído vestido como le parecía.

Acabado de acuchillar y matar a los ca[u]tivos, luego todos los que estaban presentes, sacerdotes y principales y los señores de los esclavos, comenzaban a danzar en su areito, [al]rededor de la piedra donde habían muerto a los ca[u]tivos. Y los señores de los ca[u]tivos en el areito, danzando y cantando, llevaban las cabezas de los ca[u]tivos asidas de los cabellos, colgadas de las manos derechas. Llamaban a este areito *motzontecomaitotía*.[14] Y el padrino de los ca[u]tivos, llamado *cuitlachhuehue*,[15] cogía las sogas con que fueron atados los ca[u]tivos en la piedra, y levantábalas hacia las cuatro partes del mundo, como haciendo reverencia o acatamiento, y haciendo esto andaba llorando y gimiendo, como quien llora a sus muertos.

A este espectáculo secretamente venían a mirar y a estar presentes aquellos con quien Motecuzoma tenía guerra, que eran los [de esa] parte de los puertos de Huexotzinco, de Tlaxcalla, de Nonoalco, de Cempoalla y otras partes muchas, y los mexicanos disimulaban con ellos [para que] di[j]esen en sus tierras lo que pasaba [a]cerca de los ca[u]tivos.

Hechas todas estas cosas, se acababa la fiesta de los acuchillados sobre la piedra.

Cuando se hacía esta[16] fiesta, comían todos unas tortillas como empanadillas que hacían de maíz sin cocer, a las cuales llamaban *huilocpalli*.[17] Todos los que iban a ver este espectáculo hacían m[o]chila [de estas] tortillas y comíanlas allá donde se hacía la farsa.

El día siguiente todos se aparejaban para un muy solemne areito, el cual comenzaban en las casas reales. Aderezábanse con todos los aderezos o divisas o plumajes ricos que había en las casas reales, y llevaban en las manos en lugar de flores todo género de tamales y tortillas. Iban aderezados con maíz tostado, que llaman *mumúchitl*, en lugar de sartales y guirnaldas. Llevaban también bledos colorados hechos de pluma colorada y cañas de maíz con sus mazorcas. Y pasando el mediodía, cesaban los ministros del templo del areito. Y venían todos los principales señores y nobles, y poníanse

---

[14] "Bailar con las cabezas."

[15] Se traduce como "el viejo cuitlachtli". Cuitlachtli era un especie de oso.

[16] Se repite *esta*.

[17] "Soporte de paloma."

en orden delante de las casas reales, todos de tres en tres. Salía también Motecuzoma en la delantera, y llevaba [a] la mano derecha al señor de Tetzcoco, y a la izquierda al de Tlacupa. Hacíase un areito solemnísimo. Duraba el areito hasta la tarde, a la puesta del Sol. Acabado el areito, comenzaban otra manera de danzas en que todos iban trabados de las manos. Iban danzando como culebreando. En estas danzas entraban los soldados viejos y los bisoños y los tirones de la guerra. También en estas danzas entraban las mujeres matronas que querían, y las mujeres públicas. Duraba esta manera de danzas, en este lugar donde habían muerto los ca[u]tivos, hasta cerca de la media noche. Dilataban estas fiestas por espacio de veinte días, hasta llegar en las calendas del otro mes, que se llamaba *Tozoztontli*.[18]

[18] "Pequeña velada."

CAPÍTULO XXII

De la fiesta y sacrificios que hacían
en el postrero día del segundo mes,
que se decía Tlacaxipehualiztli

En el postrero día del segundo mes, se llamaba *Tlacaxipe-hualiztli*, hacían una fiesta que llamaban *Ayacachpixolo*[1] en el templo llamado Yopico.

En esta fiesta los vecinos de aquel barrio estaban cantando, sentados, y tañían sona[j]as todo un día en el dicho templo, y ofrecían flores en el mismo templo. Estas flores que se ofrecían eran como primicias, porque eran las primeras que nacían aquel año, y nadie osaba oler flor ninguna de aquel año hasta que se ofreciesen en el templo ya dicho las primicias de las flores.

En esta fiesta hacían unos tamales que se llamaban *tza-tzapaltamalli*,[2] hechos de bledos o cenizos. Principalmente hacían estos tamales los del barrio llamado Coatlan, y los ofrecían en el mismo cu, delante de la diosa que ellos llamaban Coatlicue, por otro nombre, Coatlantonan, [a] la cual estos maestros de hacer flores tenían gran devoción.

En esta m[i]sma fiesta escondían en alguna cueva los cueros de los ca[u]tivos que habían desollado en la fiesta pasada, porque ya estaban hartos de traerlos vestidos y porque ya hedían. Algunos enfermos de sarna o de los ojos hacían promesa de ir a ayudar a [e]sconder estos pellejos, porque los

---

[1] "Son sonadas las sonajas."
[2] "Tamales enanos."

[e]scondían con procesión y con mucha solemnidad. Iban estos enfermos a esta procesión por sanar de sus e[n]fermedades, y dizque algunos [de ellos] sanaban, atribuíanlo a esta devoción.

Con grandes cer[e]monias se concluía esta fiesta, y con grandes cer[e]monias se lavaban los que habían traído los pellejos vestidos. Los dueños de los ca[u]tivos y todos los de su casa no se bañaban ni lavaban las cabezas hasta la conclusión de la fiesta, casi por espacio de veinte días. Hecho lo dicho, lavaban, bañábanse ellos y los de su casa. Los que habían traído los pellejos vestidos, lavábanse allí en el cu con agua mezclada con harina o con masa de maíz, y de allí iban a bañarse en el agua común. Y no se lavaban ellos, sino lavaban a los otros, no fregándoles el cuerpo con las manos, sino dándoles palmadas con las manos mojadas en el cuerpo. Decían que así salía la grosura del pellejo que habían traído vestido.

También los dueños de los ca[u]tivos, los de su casa, hecho todo esto, se lavaban y [j]abonaban las cabezas, de lo cual se habían abstenido veinte días, haciendo penitencia por su ca[u]tivo difunto. Después de todo lo dicho, el dueño del esclavo que había muerto ponía en el patio de su casa un globo redondo, hecho de petate, con tres pies, y encima del globo ponía todos los papeles con que se había aderezado el ca[u]tivo cuando murió, y después buscaba un mancebo valiente y componíale con todos aquellos papeles.

Estando compuesto con los papeles, dábanle una rodela en la una mano; en la otra le ponían un bastón, y salía corriendo por esas calles, como que quería maltratar a los que topase, y todos huían [de él], y todos se alborotaban y, viéndole,[3] decían: "Ya viene el *tetzómpac*".[4] Y si alguno alcanzaba, tomábale las mantas y, todas cuantas tomaba, las llevaba

---

[3] En el original dice *en viéndole*.

[4] "El que lava el pelo a la gente."

y las arrojaba en el patio de aquel que le había co[m]puesto con los papeles.

Después [de esto] el dueño del ca[u]tivo que había muerto ponía en el medio del patio de su casa un madero como colu[m]na, en el cual todos conocían que había ca[u]tivado en la guerra. Aquello era en blasón de su valentía. Después [de esto] tomaba el hueso del muslo del ca[u]tivo, cuya carne ya había comido, y componíale con papeles, y con una soga le colgaba de aquel madero que había hincado en el patio. Y para el día que le colgaba, convidaba a sus parientes y amigos, y a los de su barrio. En presencia [de ellos] le colgaba y los daba de comer y beber aquel día.

Hacían ciertas cer[e]monias con el pul[qu]e que daba a beber, y todo este día cantaban los cantores de su casa. Todas estas cosas pasaban dentro de veinte días, hasta llegar *Huei tozoztli*.[5]

---

[5] "Gran velada."

CAPÍTULO XXIII
De la fiesta y cer[e]monias que hacían en las calendas del cuarto mes, que se llamaba Huei tozoztli

AL CUARTO mes llamaban *Huei tozoztli*. En este mes hacían fiesta al dios de las mieses, llamado Cintéutl,[1] y a la diosa de los mantenimientos, llamada Chicomecóatl.[2]

Antes [de] que celebrasen esta fiesta, ayunaban cuatro días, y en estos días ponían espadañas junto a las imágenes de los dioses, muy blancas y muy cortadas, ensangrentada la parte de aba[j]o donde tienen la blancura con la sangre de las orejas o de las piernas. Este servicio hacían los mancebos y muchachos en las casas de los principales mercaderes y ricos. Ponían también unos ramos que se llaman *acxóyatl*. Hacían también delante de las diosas o de sus altares unos lechos de heno, y las orillas [de ellos] entrete[j]íanlas como orillas de petate. [El] demás heno estaba todo revuelto, echado a mano. Y después de lo arriba dicho hacían muchas maneras de mazamorra, y estando muy caliente y casi hirviendo, echábanl[a] en sus ca[j]etes, en la casa que llamaban *telpuchcalli*.[3]

A la mañana, los mancebos y muchachos andaban por las casas donde habían e[n]ramado los dioses, y pedían limosna cada uno por sí. Ninguno andaba junto con otro. Dábanl[e]s

---

[1] "Dos mazorca."

[2] "Siete serpiente."

[3] "Casa de jóvenes." Casa en la que se educaba a los niños en los diversos cuidados de las ceremonias religiosas.

aquella mazamorra para que comiesen, y los mancebos de los cúes que llamaban *tlama[ca]ztoton*[4] llevábanl[a] al *calmécac.* Allá l[a] comían. Y los mancebos del pueblo, que llamaban *telpupuchti,* llevábanla al *telpuchcalli* y allí la comían. Después [de esto] iban todos por los maizales y por los campos, y traían cañas de maíz y otras [hi]erbas que llamaban *mecóatl.*[5] Con estas [hi]erbas enramaban al dios de las mieses, cuya imagen cada uno tenía en su casa, y componíanla con papeles, y ponían comida delante [de él], [de esta] imagen, cinco chiquihuites con sus tortillas, y encima de cada *chiquíhuitl*[6] una rana asada, de cierta manera guisada, y también ponían delante [de esta] imagen un chiquihuite de harina de *chían,* que ellos llaman *pinolli;* otro chiquihuite con maíz tostado, revuelto con fri[j]oles; cortaban un cañuto de maíz verde y henchíanle de todas aquellas viandas, tomando de cada cosa un poquitito, y ponían aquel cañuto sobre las espaldas de la rana, como que le llevaba a cuestas. Esto hacía cada uno en su casa. Por esto llamaban esta fiesta *calionóhuac.* Y después, a la tarde, llevaban todas estas comidas al cu de la diosa de los mantenimientos, llamada Chicomecóatl, y allí andaban a la rebatin[g]a con ello, y lo comían todo.

En esta fiesta llevaban las mazorcas de maíz que tenían guardadas para semilla al cu de Chicomecóatl y de Cintéutl, para que allí se hiciesen benditas. Llevaban las mazorcas[7] unas muchachas vírgenes a cuestas, [en]vueltas en mantas, no más de siete mazorcas cada una. Echaban sobre las ma-

[4] "Los ofrendadorcillos." López Austin y García Quintana señalan la corrección entre corchetes.

[5] "Serpiente de maguey."

[6] Palabra náhuatl muy empleada todavía en México en su forma hispanizada *chiquihuite.*

[7] En el texto de Sahagún dice *mozas.* López Austin y García Quintana proponen, de acuerdo con el contexto, la palabra *mazorcas.*

zorcas gotas de aceite de *ulli*. Envolvíanlas en papeles. Las doncellas llevaban todas los brazos emplumados con pluma colorada, y también las piernas. Poníanl[e]s en la cara pez derretida, que ellos llaman *chapopotli*, salpicada con marca[j]ita. Cuando iban por el camino iban con ellas mucha gente, rodeada [de ellas], y todas las iban mirando sin apartar los ojos [de ellas], y nadie osaba hablarl[e]s. Y si por ventura algún mancebo travieso l[e]s decía alguna palabra de requiebro, respondía alguna de las viejas que iban con ella: "Y tú, cobarde, ¿hablas, bisoño?, ¿tú habías de hablar? Piensa en cómo hagas alguna hazaña para que te quiten la vedija de los cabellos que traes en el co[g]ote, en señal de cobarde y de hombre para poco. Cobarde, bisoño, no habías tú de hablar aquí. Tan mujer eres como yo. Nunca has salido detrás [d]el [f]uego".

[De esta] manera estimulaban a los mancebos para que procurasen de ser esforzados para las cosas de la guerra. Y alguno de los mancebos que tomaba por sí esta represión, respondía diciendo: "Muy bien está dicho, señora. Yo lo recibo en merced. Yo haré lo que vuesa merced manda. Iré donde haga alguna cosa por donde me tengan por hombre. Yo tendré cuidado. Querría más dos cacaos que a vos y a vuestro linaje. Poneos de lodo en la barriga; rascaos la barriga y poneos la una pierna sobre la otra, y echaos a rodar por ese polvo. Allí está una piedra áspera: daos con ella en la cara y en las narices para que os salga sangre, y si más quisiéredes, agujeraos la garganta con un tizón para que esc[u]páis por allí. Ruego os que calléis y os pongáis en vuestra paz".

Aunque [de esta] manera respondían a la mujer que lo[s] reprendía, era por mostrar ánimo, que bien quedaban lastimados los mancebos de las palabras de la mujer que había reprendido. Y después decían entre sí: "Ofrézcola al Diablo, la bellacona. ¡Y cómo nos ha reprendido tan de agudo, que nos ha lastimado el corazón con sus palabras! ¡Amigos, menester es que vamos a hacer alguna cosa con que nos tengan en algo!"

Después que habían llevado al cu las mazorcas de maíz, volvíanlas a sus casas. Echábanlas en el hondón de la tro[j]e. Decían que era el corazón de la tro[j]e, y en el tiempo del sembrar sacábanlas para sembrar. El maíz [de ellas] servían de semilla.

Esta fiesta hacían a honra de la diosa llamada Chicomecóatl, la cual imaginaban como mujer, y decían que ella era la que daba los mantenimientos del cuerpo para conservar la vida humana, porque cualquiera que le faltan los mantenimientos se desmaya y muere. Decían que ella hacía todos los géneros de maíz, y todos los géneros de fri[j]oles, y cualesquiera otras legumbres para comer. Y también todas las maneras de chía. Y por est[o] l[e] hacían fiesta con ofrendas de comida y con cantares y con bailes y con sangre de codornices. Todos los ornamentos con que la aderezaban eran bermejos y curiosos y labrados. En las manos l[e] ponían cañas de maíz.

[De esta] manera acababan la fiesta [de esta] diosa y comenzaban con danzas la fiesta que se sigue.

CAPÍTULO XXIV
De la fiesta [y sacrificio] que se hacía[n] en las calendas del quinto mes, que se llamaba Tóxcatl[1]

AL QUINTO mes llamaban *Tóxcatl*. En este mes hacían fiesta y pascua a honra del principal dios, llamado Tezcatlipuca, por otro nombre Titlacahuan, y por otro Yáutl, y por otro Telpuchtli, y por otro Tlamatzíncatl.

En esta fiesta mataban un mancebo muy acabado en disposición, al cual habían criado por espacio de un año en deleites. Decían que era la imagen de Tezcatlipuca. [Y] matando al mancebo que estaba de un año criado, luego ponían otro en su lugar para criarle por espacio de un año, y [de éstos] tenían muchos guardados para que luego su[c]edie[s]e otro al que había muerto. Escogíanlos entre todos los ca[u]tivos, los más gentiles hombres, y teníanlos guardados los *calpixques*.[2] Ponían gran diligencia en que fuesen los más hábiles y más bien dispuestos que se pudiesen haber, y sin tacha ninguna corporal.

Al mancebo que se criaba para matarle en esta fiesta enseñábanle con gran diligencia que supiese bien tañer una flauta, y para que supiese tomar y traer las cañas de humo y las flores, según que se acostumbra entre los señores y palancianos. Y enseñábanle a ir chupando el humo y oliendo las flores, yendo andando, como se acostumbra entre los señores y en palacio.

---

[1] Probablemente su traducción sea "sequedad".
[2] Algunos lo traducen como "mayordomos".

Estos mancebos, estando aún en[3] poder de los calpixques, y antes que se publicasen por diputados[4] para morir, tenían gran cuidado los mismos calpixques de enseñarl[e]s toda buena crianza, en hablar y en saludar a los que topaban por la calle, y en todas las otras cosas de buenas costumbres, porque cuando ya eran señalados para morir en la fiesta [de este] dios, por espacio de aquel año en que ya se sabía de su muerte, todos los que le v[e]ían le tenían en gran reverencia y le hacían gran acatamiento, y le adoraban besando la tierra. Y si por el buen tratamiento que le hacían engordaba, dábanle a beber agua mezclada con sal, para que se parase cenceño.[5]

Luego que este mancebo era diputado para morir en la fiesta [de este] dios, comenzaba a andar tañendo su flauta por las calles, con sus flores y su caña de humo. Tenía libertad de noche y de día de andar por todo el pueblo, y andaban con él, acompañándole siempre, ocho pajes ataviados a manera del palacio. [Y] siendo publicado este mancebo para ser sacrificado en la pascua, luego el señor le ataviaba con atavíos preciosos y curiosos, porque ya le tenía como en lugar de dios, y entintábanle todo el cuerpo y la cara. Emplumábale la cabeza con plumas blancas de gallina, pegadas con resina. Criaba los cabellos hasta la cinta. Después de haberle ataviado de ricos atavíos, poníanle una guirnalda de flores que llaman *izquixúchitl*, y un sarta[l] largo de las mismas, colgado des[d]e el hombro al sobaco, de ambas partes. Poníanle en las orejas un ornamento como [zar]cillos de oro. Poníanle al cuello un sarta[l] de piedras preciosas. Colgábanle un jo[y]el[6] de una piedra preciosa blanca, que colgaba hasta el pecho. Poníanle un barbote largo hecho de caracol marisco. Lleva-

---

[3] En el original dice *en el poder*.

[4] Elegidos.

[5] Delgado.

[6] "Joya pequeña."

ba [en] las espaldas un ornamento como bolsa de un palmo en cuadro, de lienzo blanco, con sus borlas y flocadura. Poníanle también en los brazos, encima de los codos, en los morci[ll]os de los brazos, unas ajorcas de oro, en ambos brazos. Poníanle también en las muñecas unos sartales de piedras preciosas que ellos llaman *macuextli*, que le cubrían casi todas las muñecas hasta el codo. Cubríanle con una manta rica, hecha a manera de red, con una flocadura muy curiosa por las orillas. Poníanle también ceñid[a] una pieza de lienzo muy curiosa que ellos usaban para cubrir las partes ba[j]as, que llamaban *máxtlatl*. Las e[x]tremidades [de este] *máxtlatl* eran muy labradas, tanta anchura como un palmo, de todo el ancho del lienzo. [C]olgaban estas e[x]tremidades por la parte delantera, casi hasta la rodilla. Poníanle también unos cascabeles de oro en las piernas, que iba sonando por dondequiera que iba. Poníanle unas cotaras muy pintadas, muy curiosas, que las llamaban *ocelunacace*. [De esta] manera ataviaban [a] este mancebo que habían de matar en esta fiesta. Éstos eran los atavíos del principio del año. Veinte días antes de llegar a esta fiesta, mudábanle las vestiduras con que hasta allí había hecho penitencia, y lavábanle la tintura, que hasta allí solía traer este mancebo. Y casábanle con cuatro doncellas, con las cuales tenía conversación aquellos veinte días que restaban en su vida. Y cortábanle los cabellos a la manera que los usaban los capitanes. Atábanle los cabellos como una borla sobre la corona de la cabeza. Con una fran[j]a curiosa, atábanle aquella atadura de los cabellos dos borlas con sus botones, hechas de pluma y oro y *tochómitl*,[7] muy curiosas, que ellos llamaban *aztaxelli*.[8] Las cuatro doncellas que le daban por sus mujeres también eran criadas

---

[7] "Estambre teñido de pelo de conejo."
[8] "Bifurcación blanca" o "bifurcación de garza".

en mucho regalo. Para [a]quel efecto, poníanl[e]s los nombres de cuatro diosas: a la una llamaban Xochiquétzal; a la otra, Xilonen; y a la tercera, Atlatonan; y a la cuarta, Huixtocíhuatl.

Cinco días antes de llegar a la fiesta donde habían de sacrificar a este mancebo, honrábanle como a dios. El señor se quedaba solo en su casa, y todos los de la corte le seguían, y se hacían solemnes banquetes y areitos con muy ricos atavíos. El primero día le hacían fiesta en el barrio que llaman Tecanman; el segundo, en el barrio donde se guardaba la estatua de Tezcatlipuca; el tercero, en el montecillo que se llama Tepetzinco, que está en la laguna; el cuarto, en otro montecillo que está también en la laguna, que se llama Tepepulco.

Acabad[a] esta cuarta fiesta, poníanle en una canoa en que el señor solía andar, cubierta con su toldo, y con él a sus mujeres que le iban consolando. Y partiendo de Tepepulco, navegaban hacia una parte que se llama Tlapitzahuayan, que es cerca del camino de Iztapalapan, que va hacia Chalco, donde está un montecillo que se llama Acaquilpan o Cahualtépec. En este lugar le de[j]aban sus mujeres y toda la otra gente, y se volvían para la ciudad. Solamente le acompañaban aquellos ocho pajes que habían andado con él todo el año. Llevábanle luego a un cu pequeño y mal aliñado que estaba [en la] orilla del camino y fuera de despoblado, distante de la ciudad, una legua o casi. Llegado a las gradas del cu, él mismo se subía por las gradas arriba, y en la primera grada hacía pedazos una de las flautas con que tañía en el tiempo de su prosperidad, y en la segunda grada hacia pedazos otra, y en la tercera otra, y así las acababa todas, subiendo por las gradas. Llegando arriba, a lo más alto del cu, estaban aparejados los sátrapas[9] que le habían de matar, y tomábanle. Echában-

---

[9] Esa designación dio Sahagún a los sacerdotes indígenas, la cual recuerda a los gobernadores de la antigua Persia.

le sobre el ta[j]ón de piedra, y teniéndole por los pies y por las manos y por la cabeza, echado de espaldas sobre el ta[j]ón, el que tenía el cuchillo de piedra metíasel[o] por los pechos con un gran golpe, y tornándole a sacar, metía la mano por la cortadura que había hecho el cuchillo, y arrancábale el corazón, y ofrecíale luego al Sol. [De esta] manera mataban a todos los que sacrificaban. A éste no le echaban por las gradas aba[j]o, como a los otros, sino tomábanle cuatro y ba[j]ábanle aba[j]o al patio. Allí le cortaban la cabeza y la espetaban[10] en un palo que llamaban *tzompantli*.[11] [De esta] manera acababa su vida éste que había sido regalado y honrado por espacio de un año. Decían que esto significaba que los que tienen riquezas y deleites en su vida, al cabo [de ella] han de venir a pobreza y dolor.

En esta m[i]sma fiesta hacían de masa que se llama *tzoalli* la imagen de Huitzilopuchtli, tan alta como un hombre hasta la cinta. En el cu que llamaban Huitznáhuac hacían para ponerla un tablado. Los maderos [de él] eran labrados como culebras, y tenían las cabezas a todas cuatro partes del tablado, contrapuestas las unas a las otras, de manera que a todas cuatro partes había colas y cabezas. A la imagen que hacían poníanla por huesos unos palos de *mízquitl*,[12] y luego lo henchían todo de aquella masa, hasta hacer un bulto de un hombre. Hacían esto en la casa donde siempre guardaban la imagen de Huitzilopuchtli. Acabada de hacer, componíanla luego con todos los atavíos de Huitzilopuchtli. Poníanle una [ch]aqueta de tela labrada de huesos de hombres. Cubríanle con una manta de [he]nequén, de tela muy rala. Poníanle a la cabeza una corona a manera de [e]scriño,[13] que venía justa a la

---

[10] Atravesaban o clavaban.

[11] "Hilera de cabezas."

[12] *Mezquite*. Nahuatlismo utilizado todavía en la actualidad.

[13] Cesta fabricada de paja, cosida con mimbres o cáñamo.

cabeza, y en lo alto íbase ensanchando, labrada de pluma, sobre papel. Del medio [de ella] salía un mástil también labrado de pluma, y en lo alto del mástil estaba enjerido[14] un cuchillo de pedernal, a manera de hierro de lanzón, ensangrentad[o] hasta el medio. Cubríale otra manta, ricamente labrada de pluma rica. Tenía esta manta en el medio una plancha de oro redonda hecha de martillo. Aba[j]o ponían unos huesos hechos de *tzoalli,* cerca de los pies de la imagen, y cubríalos la misma manta que tenía cubierta, en la cual estaban labrados los huesos y miembros de una persona despedazada. A est[a] manta labrada de esta manera llamaban *tlacuacuallo.*[15]

Otro ornamento hacían para honra [de este] dios, que era un papelón que tenía veinte brazas de largo y una de ancho, y un dedo de grueso. Este papelón lo llevaban muchos mancebos recios delante de la imagen, asidos de una parte y de otra del papelón, todos delante de la imagen. Y porque el papelón no se quebrase, llevábanle entablado con unas saetas que ellos llamaban *téumitl,*[16] las cuales tenían plumas en tres partes: cabe el casquillo, y en el medio y al cabo. Iban estas saetas una deba[j]o y otra encima del papel. Llevábanlas dos, uno de una parte y otro de otra, llevándolas asidas ambas juntas con las manos, y ellas apretaban el papelón, una por encima, y otra por deba[j]o.

Acabada de componer esta imagen de la manera ya dicha, alzaban el tablado sobre que estaba puesto muchos capitanes y hombres de guerra, y unos de una parte y otros de otra, íbanla llevando como en andas, y delante [de ella] iba el papelón, y todos los que le llevaban iban todos en procesión. Iban cantando sus cantares del m[i]smo dios, y bailando delante

[14] Metido.
[15] "El masticado."
[16] "Flecha divina."

[de él] con grande areito. Y llegando al cu donde le habían de subir, llevaban con unas cuerdas atado el tablado por las cuatro esquinas, y asían de las cuerdas para subirle, de manera que fuese muy [l]lano, que a ninguna parte se acostase la imagen. Y los que llevaban el papelón, subían delante; los que llegaban primero a lo alto comenzaban a coger el papel, enrollándole. A[s]í como iban subiéndole, iban enrollando con gran tiento, para que no se quebrase ni rompiese. Y las saetas íbanlas sacando, y dábanlas a quien todas y juntas las tuviese, hechas un haz.

Llegando[17] arriba la imagen, poníanla en su lugar o silla donde había de estar, y el papelón, que ya estaba enrollado, atábanle muy bien porque no se tornase a desenrollar, y ponían[lo] delante del tabladillo en que estaba la imagen. Después de haber asentado el tabladillo sobre que estaba la imagen en lo alto del cu, y puesto el papelón enrollado junto al tabladillo, descendíanse todos los que le habían subido. Solamente quedaban allá los que habían de guardar, que eran los sátrapas de los ídolos. Cuando le acababan de subir ya era la puesta del Sol; y luego entonces hacían ofrendas a la imagen de tamales y otras comidas. Otro día, amaneciendo,[18] cada uno en su casa hacía ofrenda de comida a la imagen del m[i]smo Huitzilopuchtli, que tenía en su casa, y todos ofrecían sangre de codornices delante de la imagen que habían puesto en el cu. Primero comenzaba el señor: arrancaba la cabeza a cuatro codornices, ofreciéndolas al ídolo recién puesto, y luego ofrecían los sátrapas y después todo el pueblo. Y arrancando la cabeza a la codorniz, arrojábanla delante del ídolo. Allí andaba revoleando[19] hasta que se moría. Y los escuderos y hombres de guerra del señor cogían las codornices después de

[17] En el original dice *en llegando*.
[18] En el original dice *en amaneciendo*.
[19] Volar haciendo tornos o giros.

muertas, y hacíanlas pelar y asar y salar, y dividíanlas entre sí, parte [de ellas] al señor, y parte a los principales, y parte a los sátrapas, y parte a los escuderos.

Todos llevaban braseros, y en el cu encendían lu[m]bre y hacían brasa. Llevaban también *copalli* y sus incensarios de barro, como cazos, agujerados y muy labrados, que ellos llamaban *tlémaitl*.[20] Llevaban también copal de todas maneras. Y como iban pr[esi]diendo en las cer[e]monias del servicio de aquel dios, los sátrapas, llegando a cierto punto, tomaban todos [las] brasas en sus incensarios; echaban allí el copal o incienso [e] incensaban hacia la imagen de Huitzilopuchtli, que poco antes habían puesto en el cu. No solamente en este lugar se hacía esta cer[e]monia, pero[21] también en todas las casas de los dueños [de ellas] incensaban a todas las estatuas de los dioses que en sus casas tenían. Acabado de incensar, echaban las brasas en un hogar redondo, dos palmos o casi *[sic]* alto, de tierra, que estaba en medio del patio, al cual llamaban *tlexictli*.

En esta fiesta todas las doncellas se afeitaban las caras y componían con pluma colorada los brazos y las piernas, y llevaban todas unos papeles puestos en unas cañas hendidas, que llamaban *tetéhuitl*. El papel era pintado con tinta. Otras, que eran hijas de señores o de personas ricas, no llevaban papel, sino unas mantas delgadas que llamaban *canáhuac*. También las mantas iban pintadas de negro a manera de vírgulas, [desde lo] alto a aba[j]o.

Llevando en las manos estas cañas con sus papeles o mantas altas, andaba la procesión con la otra gente, a honra [de este] dios, y también bailaban estas doncellas con sus cañas y papeles asidas con ambas manos, en derredor del fogón so-

[20] "Brazo de fuego."
[21] Esta conjunción tiene el valor de *sino*.

bre el cual estaban dos escuderos, teñidas las caras con tinta, y traían a cuestas unas como jaulas hechas de tea, en las orillas de las cuales iban hincadas unas banderitas de papel. Y llevábanlas a cuestas, no asidas de la frente como las cargas de los hombres, sino atadas de los pechos como suelen llevar las cargas las mujeres. Éstos, alrededor del fogón, en lo alto, guiaban la danza de las mujeres bailando al modo que ellas bailan.

También los sátrapas del templo danzaban también con las mujeres. Ellos y ellas bailando saltaban, y llamaban a este baile *toxcachocholoa*, quiere decir, "saltar" o "bailar de la fiesta de *Tóxcatl*". Llevaban los sátrapas unas roda[j]as de papel en las frentes, fr[u]ncidas a manera de rosas de papel. Todos los sátrapas llevaban emplumadas las cabezas con pluma blanca de gallina, y llevaban los labios y parte de los rostros enm[i]elados, de manera que relucía la miel sobre la tintura de la cara, la cual siempre traían teñida de negro. Los sátrapas llevaban unos paños menores; de ellos usaban, de papel, que llamaban *amamaxtli*.[22] Y llevaban en las manos unos cetros de palma, en la punta de los cuales iba una flor de pluma negra, y en lo ba[j]o una bola, también de pluma negra, por remate del cetro. A este cetro llamaban *cuitlacuchtli*, por razón de la bola que llevaba aba[j]o en el remate. La parte por donde llevaban asidos estos cetros iba envuelta con un papel pintado de listas o rayas negras. Y cuando éstos iban danzando, llegaban al suelo con el cetro, como sustentándose en él, según los pasos que iban dando. Y los que hacían el son para bailar estaban dentro de una casa que llamaban *calpulco*, de manera que no se v[e]ían los unos a los otros, ni los que bailaban a los que tañían, ni los que tañían a los que bailaban. Estos que tañían estaban todos sentados. En medio

[22] "Máxtlatl de papel."

[de ellos] estaba el atabal, y todos tañían sonajas y otros instrumentos que ellos usan en los areitos. Toda la gente del
palacio y la gente de guerra, viejos y mozos, danzaban en otras
partes del patio, trabados de las manos y culebreando, a
manera de las danzas que los populares hombres y mujeres
hacen en Castilla la Vieja. Entre éstos también danzaban las
doncellas, afeitadas y emplumadas de pluma colorada todos los brazos y todas las piernas, y llevaban en la cabeza
puestos unos capillejos[23] compuestos en lugar de flores con
maíz tostado, que ellos llaman *momóchitl,* que cada grano es
como una flor blanquísima. Estos capillejos eran a la manera
[de] los capillejos de flores que usan las mozas en Campos,
por mayo. Llevaban también unos sartales de lo mismo colgadas des[d]e el hombro hasta el sobaco, de ambas partes.

A esta manera de danzar llaman *tlanahua,* que quiere
decir, "abrazado": *quinahua in Huitzilopuchtli,* "abrazan a
Huitzilopuchtli". Todo esto se hacía con gran recato y hones-
tidad; y si alguno hablaba o miraba deshonestamente, luego
le castigaban, porque había personas puestas que velaban
sobre esto. Estos bailes y danzas duraban hasta la noche.

Cuando por espacio de un año regalaban al mancebo que
al principio se di[j]o que era imagen de Titlacahuan, y le
mataban en el principio [de esta] fiesta, juntamente criaban
otro que llamaban Ixteucale, y por otro nombre Tlacahuepan,
y por otro Teicauhtzin, y andaban ambos juntos, aunque a éste
no le adoraban como al otro ni le tenían en tanto.

Acabadas todas las fiestas ya dichas y regocijos y cer[e]-
monias, al cabo mataban a este Tlacahuepan, el cual era imagen de Huitzilopuchtli. Para matar[le][24] componíanle con unos
papeles todos pintados con unas ruedas negras, y poníanle

[23] Especie de capucha.
[24] En el texto original dice *para haberle de matar.*

64

una mitra en la cabeza, hecha de plumas de águila, con muchos penachos en la punta, y en medio de los penachos llevaba un cuchillo de pedernal enhiesto y teñido la mitad con sangre. Iba adornado este pedernal con plumas coloradas. Llevaba en las espaldas un ornamento de un palmo en cuadro, hecho de tela rala, al cual llamaban *icuechin*, atad[o] con unas cuerdas de algodón a los pechos, y encima del *cuechin* llevaba una taleguilla. Llamaban *icpatoxin*.[25] Llevaba también en uno de los brazos otro ornamento de pellejo de bestia fiera, a manera del manípulo[26] que se usa en la misa. A éste llamaban *imatácax*. Llevaba también unos ca[s]cabeles de oro atados a las piernas, como los llevan los que bailan. É[s]te [así] adornado danzaba con los otros en esta fiesta. En las danzas [las plebeyas][27] iba[n] delante, guiando. Éste, él mismo y de su voluntad y a la hora que quería, se ponía en las manos de los que le habían de matar. Aquellos sátrapas que le tenían para cuando le mataban los llamaban *tlatlacaanalti*.[28] En las manos [de éstos] le cortaban los pechos y le sacaban el corazón, y después le cortaban la cabeza y la espetaban en el palo que llamaban *tzompantli*, cabe la del otro mancebo de que dijimos al principio.

Este mismo día los sátrapas del templo daban unas cuchilladillas con navaja de piedra a los niños y niñas, en el pecho, y en el estómago, y en los morcillos de los brazos y en las muñecas. Estas se[ñ]ales parece que eran como hierro del Demonio, con que herraba a sus ovejas, y los que a[h]ora todavía hacen estas señales no carecen de mácula de idolatría si después del ba[u]tismo la recibieron. Cada año en esta fiesta señalaban a los niños y niñas con estas señales.

---

[25] "Su manípulo."
[26] Ornamento sagrado más corto que la estola.
[27] López Austin y García Quintana proponen esta lectura.
[28] "Los que estiran a los hombres."

CAPÍTULO XXV
De la fiesta y sacrificios que se hacían en las calendas del sexto mes, que se llamaba Etzalcualiztli[1]

AL SEXTO mes llamaban *Etzalcualiztli*. En este mes hacían fiesta a honra de los dioses del agua o de la lluvia, que llamaban *tlaloque*.

Ante[s] de llegar esta fiesta, los sátrapas de los ídolos ayunaban cuatro días, y ante[s] de comenzar el ayuno iban por juncias a una fuente que está cabe el pueblo que llaman Citlaltépec, porque allí se hacen muy grandes y muy gruesas juncias, las cuales llaman *aztapilin* o *tolmimilli*. Son muy largas, y todo lo que está dentro del agua es muy blanco. Arrancábanlas en una fuente que se llama Temilco o Tepéxic o Oztoc. Después que las habían arrancado, hacíanlas haces y envolvíanlas en sus mantas para llevar a cuestas, y atábanlas con sus mecapales[2] con que las habían de llevar. Luego se partían para donde habían de ir. Llevábanlas enhiestas y no atravesadas.

Los ministros de los ídolos, cuando iban por estas juncias y cuando volvían con ellas, tenían por costumbre de robar a cuantos topaban por el camino. Y como todos sabían esto, cuando iban y cuando volvían, nadie [se a]parecía por los caminos, nadie osaba caminar. Y si con alguno topaban, luego le tomaban cuanto llevaba, aunque fuese el tributo del señor. Y si

---

[1] "Comida de *etzalli*."

[2] Nahuatlismo muy usado todavía en la actualidad para referirse a la faja de cuero con dos cuerdas en los extremos en la que algunas personas llevan la carga a cuestas.

el que tomaban se defendía, tratábanle muy mal de golpes y de coces, y de arrastrarle por el suelo. Y por ninguna cosa [de éstas] penaban a estos ministros de los ídolos, por tenerlos en mucha estimación y reverencia, por ser ministros de los ídolos.

Llegando[3] con las juncias al cu donde eran menester, luego las cosían y componían, contrapuestas y entrepuesto lo blanco a lo verde, a manera de mantas pintadas. Hacían también [de estas] juncias sentaderos sin espaldares, y otros con espaldares. Para hacer estas mantas de juncias componíanlas en el suelo primero, y luego cosíanlas como estaban compuestas, con cuerdas hechas de raíces de maguey.

Llegado el ayuno que llamaban *netlalocazahualiztli,* todos los sátrapas y ministros de los ídolos se recogían dentro de la casa que llamaban *calmécac,* en sus retraimientos. Recogíanse en este lugar los que llamaban *tlamacaztequihuaque,* que quiere decir, "sátrapas que ya habían hecho hazañas en la guerra", que habían ca[u]tivado tres o cuatro. Éstos, aunque no residían continuamente en el cu, en algunos tiempos señalados acudían a sus oficios al cu. Recogíanse también otros que llamaban *tlamacazcayaque,* que quiere decir, "sátrapas que ya han ca[u]tivado uno en la guerra". Tampoco éstos residían siempre en los oficios de los cúes, mas acudían [en] los tiempos señalados a sus oficios. Recogíanse también otros que llamaban *tlamacazque cuicanime,* que quiere decir, "los sátrapas cantores". Éstos siempre residían en los cúes porque aún ninguna hazaña habían hecho en la guerra. Después [de éstos] se recogían todos los otros ministros de los ídolos, que eran menores, que llamaban *tlamacazteicahuan,* que quiere decir, "ministros menores". También se recogían otros muchachos, como sacristanejos, a los cuales llamaban *tlamacaztoton,* que quiere decir, "ministros pequeñuelos".

[3] En el original dice e*n llegando.*

Después de esto tendían alrededor de los hogares aquellas mantas de juncias que habían hecho, a las cuales llamaban *aztapilpétlatl*, que quiere decir, "petates blancos jaspeados de juncias blancas y verdes". Después de haber ten[d]ido estos petates o esteras, luego se aderezaban los sátrapas de los ídolos para hacer sus oficios. Vestíanse una [ch]aqueta que ellos llamaban *xicolli*, de tela pintada, y poníanse en la mano, en el brazo izquierdo, un manípulo a la manera de los que usan los sacerdotes de la iglesia, que ellos llaman *matacaxtli*. Luego tomaban en la mano izquierda una talega con copal, y tomaban en la mano derecha el incensario, que ellos llaman *tlémaitl*, que es hecho de barro cocido a manera de cazo o sartene[j]a. Luego, [así] aderezados, salíanse al patio del cu. Puestos en medio del patio tomaban brasas en sus incensarios, y echaban sobre ellas copal, [e] incensaban hacia las cuatro partes del mundo: oriente, septentrión, occidente, mediodía. Habiendo incensado, vaciaban las brasas en los braseros altos que siempre ardían de noche en el patio, tan altos como un estado o poco menos, y tan gruesos que dos hombres apenas los podían abrazar. El sátrapa que había ofrecido el [i]ncienso, acabado su oficio, entrábase en el *calmécac*, que era como sacristía, y allí ponía sus ornamentos. Luego comenzaban los sátrapas a ofrecer delante del hogar unas bolillas de masa. Cada uno ofrecía cuatro. Poníanlas todas sobre los petates de juncias, y poníanlas con gran tiento para que no se rodasen ni meneasen, y si se rodaba alguna de aquellas bolas, los otros acusábanle de aquella culpa, porque había de ser castigado por ella, y [así] estaban con grande atención, mirando a cada uno cómo ponía su ofrenda, para acusarle. A estas bolillas llamaban *huentelolotli*.[4] Y otros ofrecían cuatro tomates o cuatro chiles verdes.

[4] "Bola de ofrenda."

Miraban también mucho a los que ofrecían, si traían alguna cosa de suciedad en sus mantas, como algún hilo o paja, o cabello o pluma, o pelos, y al tal luego le acusaban, y había de ser castigado por ello. Mirábase también mucho si alguno tropezaba o caía, porque luego acusaban al tal, porque había por ello de ser castigado.

En estos cuatro días de su ayuno, juntamente con cuatro noches, todos andaban con mucho tiento por no caer en la pena del castigo.

Acabado de ofrecer cada día, venían unos viejos que llamaban *cuacuacuiltin,* los cuales traían las caras teñidas de negro, trasquilados, salvo en la corona de la cabeza, que tenía los cabellos largos, al revés de los clérigos. Éstos co[g]ían la ofrenda y dividíanla entre sí todos estos cuatro días. Ésta era la costumbre de todos los sátrapas, y de todos los cúes, que cuando ayunaban, cuatro días, antes de la media noche, una hora despertaban, y tañían cornetas y caracoles y otros instrumentos, como tañendo a maitines. Habiendo[5] tañido a maitines, luego todos se levantaban, y desnudos, sin ninguna cobertura, iban a donde estaban las puntas de maguey que el día antes habían cortado y traído para aquel efecto, con pedazos del mismo maguey. Y cortando las puntas del maguey, luego con una navajita de piedra se cortaban las orejas y, con la sangre que [de ellas] salía, ensangrentaban las puntas de maguey que tenían cortadas, y también se ensangrentaban los rostros. Cada uno ensangrentaba tantas puntas de maguey cuantas[6] alcanzaba su devoción: unos cinco, otros más, otros menos.

Hecho esto, luego todos los sátrapas y ministros de los ídolos iban a bañarse, por mucho frío que hiciese. Yendo, iban

[5] En el original dice *en habiendo.*
[6] En el original dice *a cuantas.*

tañendo caracoles marinos y unos chiflos[7] hechos de barro cocido. Todos llevaban a cuestas unas taleguillas[8] atadas con unos cordelejos de *ichtli*, con unas borlas al cabo, y de otras colgaban unas tiras de papel pintadas, cosidas con las mismas talegas, que llamaban *yiecuachtli;* y en aquellas talegas llevaban una manera de harina, hecha a la manera de estiércol de ratones, que ellos llamaban *yiacualli*, que era conf[ec]cionada con tinta y con polvos de una [hi]erba que ellos llaman *yietl*, que es como beleños[9] de Castilla.

Iba delante de todos éstos un sátrapa con su incensario lleno de brasas y con su talega de copal. Todos ellos llevaban una penca de maguey corta, en que iban hincadas las espinas que cada uno había de gastar. Delante de todos éstos iba uno de aquellos que llamaban *cuacuacuiltin*, y llevaba en el hombro una tabla tan larga como dos braz[a]s, tan ancha como un palmo o poco más. Iban dentro [de esta] tabla unas sonajas, y el que la llevaba iba sonando con ellas. Llamaban a esta tabla *ayochicahuaztli* o *nahualcuáhuitl*. Todos los sátrapas iban en esta procesión. Sol[o a] cuatro de[j]aban en el *calmécac*, que era su monasterio, los cuales guardaban entretanto que ellos iban a cumplir sus devociones. Estos cuatro se ocupaban en cantar y tañer en un atabal y menear unas sonajas, estando sentados, y esto era un servicio que hacían a sus dioses, y aún a[h]ora lo usan algunos.

Llegados los sátrapas al agua donde se habían de bañar, estaban cuatro casas cerca de aquel agua, a las cuales llamaban *ayauhcalli*, que quiere decir, "casa de niebla". Estaban estas casas ordenadas hacia las cuatro partes del mundo: una hacia oriente, otra hacia septentrión, otra hacia al occidente,

[7] Silbatos.

[8] Bolsas.

[9] Planta como de un metro de altura con hojas anchas que tienen unas flores amarillas por encima y rojas por debajo.

otra hacia el mediodía. El primero día se metían todos en una de éstas, y el segundo en la otra, y el tercero en la tercera, y el cuarto en la cuarta, y como iban desnudos, iban temblando y otros batiendo los dientes de frío. Estando así, comenzab[a a] hablar uno de los sátrapas, que se llamaba *chalchiuhcuacuilli*, y decía: *"Cóatl izomocayan; amóyotl icahuacayan, atapálcatl inechiccanahuayan, aztapilcuecuetlacayan"*, que quiere decir: "Éste es lugar de culebras, lugar de mosquitos, y lugar de patos, y lugar de juncias".

Acabando[10] de decir esto el sátrapa, todos los otros se arrojaban en el agua. Comenzaban luego a chap[o]tear en el agua con los pies y con las manos, haciendo grande estruendo. Comenzaban a vocear y a gritar, y a contrahacer las aves del agua: unos a las ánades,[11] otros a unas aves zancudas del agua que llaman *pipitzti*, otros a los cuervos marinos, otros a las garzotas blancas, otros a las garzas.

Aquellas palabras que decía el sátrapa parece que eran invocación del Demonio, para hablar aquellos lenguajes de aves. En el agua donde éstos se bañaban estaban unos varales hincados. Cuatro días arreo[12] hacían [de esta] manera.

Acabándose de bañar, salíanse del agua y tomaban sus alhajas que habían traído, y volvían a su mon[a]sterio, desnudos y tañendo con sus pitos y caracoles. Y llegando a su mon[a]sterio, echábanse todos sobre aquellos petates de juncias verdes, y cubríanse con sus mantas para dormir. Unos estaban muertos de frío; otros dormían; otros velaban; algunos dormían profundamente; otros con sueño liviano; algunos soñaban; otros hablaban entre sueños; otros se levantaban dormi[dos]; otros roncaban; otros resoplaban; otros daban ge-

[10] En el texto dice *en acando* y líneas abajo, *en acabándose.*
[11] Se dice de las aves que tienen las características de los patos.
[12] Sucesivamente.

midos, dormi[dos]; todos estaban revueltos, mal echados. Hasta el mediodía no se levantaban.

Habiéndose levantado los ministros y sátrapas, luego se aderezaba el sátrapa de los ídolos con sus ornamentos acostumbrados, y tomaba su incensario [e] incensaba por todas las capillas y altares a todas las estatuas de los ídolos. Iban delante [de él], acompañándole, sátrapas viejos llamados *cuacuacuiltin.*

Acabando[13] de incensar en todas las partes acostumbradas, luego se iban todos a comer. Sentábanse en corrillos[14] en el suelo para comer, puestos en cuclillas como siempre suelen comer, y luego daban a cada uno su comida, como se la enviaban de su misma casa. Y si alguno tomaba la comida ajena o la trocaba, castigábanle por ello.

Eran muy recatados y curiosos que no derramasen gota ni pizca de la comida que comían allí donde comían. Y si alguno derramaba una gota de la mazamorra que sorbía, o del *chilmolli*[15] en que mojaban, luego le notaban la culpa para castigarle si no redimiese su culpa con alguna paga. Habiendo acabado[16] de comer, luego iban a cortar ramos, que llaman *acxóyatl,* y donde no había estos ramos cortaban cañas verdes en lugar de *acxóyatl,* y traíanlos todos al templo, hechos hacecillos, y sentábanse todos juntos y esperaban a la hora que les habían de hacer señal para que fuesen a enramar las capillas, que tenían por tareas señaladas.

Haciéndoles la señal que esperaban, arrancaban todos juntos con sus ramos y cañas, con pr[i]sa muy diligente, y cada uno iba derecho al lugar donde había de poner sus ra-

[13] En el original dice *en acabando.*

[14] Cerco que forma la gente para hablar.

[15] "Guiso de chile." En México es común comerlo todavía con alguna legumbre.

[16] En el original dice *en habiendo acabado.*

mos. Y si alguno erraba el puesto donde había de poner las cañas, o quedaba atrás de sus compañeros y no llegaba juntamente con los otros al poner de las cañas, penábanle. Había de pagar una gallina o un maxtle, o una manta, y los pobres pagaban una bola de masa en una [j]ícara puesta. Estas penas eran para el acusador. Estas penas se pagaban en los cuatro días, porque en el quinto día ninguno se podía redimir, sino que había de ser castigado.

Llegada la fiesta, todos hacían la comida que se llama *etzalli*. No quedaba nadie que no lo hiciese en su casa. Este *etzalli* era hecho de maíz cocido, a manera de arr[o]z, y era muy amarillo. Después de hecho, todos comían [de ello] y daban a otros.

Después de comido, los que querían bailaban y regocijábanse. Muchos se hacían zaharrones,[17] disfrazados de diversas maneras, y traían en las manos unas ollas de asa, que se llaman *xocuicolli*.[18] Andaban de casa en casa, demandando etzal o arr[o]z. Cantaban y bailaban a las puertas. Decían sus cantarejos, y a la postre decían: "Si no me das el arr[o]z, agujerarte he la casa". El dueño de la casa luego le daba una escudilla de arr[o]z. Andaban éstos de dos en dos, de tres en tres, de cuatro en cuatro y de cinco en cinco. Comenzaban este regocijo a la medianoche, y cesaba, amaneciendo. Saliendo el Sol, aparejábanse los sátrapas con sus ornamentos acostumbrados: una [ch]aqueta deba[j]o, y encima [de ella] una manta delgada, transparente, que se llama *ayauhquémitl*, pintada de plumas de papagayo aspadas o cruzadas.

Después de esto, poníanle a cuestas una flor de papel grande, uncida,[19] redonda a la manera de rodela, y después

---

[17] Persona que se disfraza ridículamente para entretener a los demás.
[18] "Olla jarrillo."
[19] Atada.

le ataban al colodrillo[20] unas flores de papel, también frun-
cidas, que sobraban a ambas partes de la cabeza a manera de
orejas de papel, como medios círculos. Teñíale la delantera
de la cabeza con color azul, y sobre la color echaban marca[j]ita. Llevaba este sátrapa colgando de la mano derecha
una talega o zurrón[21] hecha de cuero de tigre, bordado con unos
caracolitos blancos, a manera de campanitas, que iban sonando los unos con los otros. A la una esquina del zurrón iba
colgando la cola del tigre, y a la otra los dos pies, y a la otra
las dos manos. En este zurrón llevaba [i]ncienso para ofrecer; este [i]ncienso era una [hi]erba que se llama *yiauhtli*,
seca y molida.

Delante [de este] sátrapa iba un ministro que llaman *cua-
cuilli*, y llevaba sobre el hombro una tabla de anchura de un
palmo, y de largura de dos brazas. A trechos iban unas sonajas en esta tabla, unos pedazuelos de madero rollizos y atados a la m[i]sma tabla, y dentro de ella, que iban sonando los
unos con los otros. Esta tabla se llamaba *ayauhchicahuaztli*.
Otros ministros iban delante [de este] sátrapa. Llevaban en
brazos unas imág[e]nes de dioses, hechas de aquella goma que
salta y es negra, y la llaman *ulli*. Llamaban [a] estas imá-
g[e]nes *ulteteo*, que quiere decir, "dioses de *ulli*". Otros ministros llevaban en brazos unos pedazos de copal hechos a
manera de panes de azúcar, en forma piramidal. Cada uno [de
estos] pedazos de copal llevaba en la parte aguda una pluma
rica que se llama quetzal, puesta a manera de penacho. Llamábanla esta pluma *quetzamiyahuáyutl*.

Ordenados[22] [de esta] manera, tocaban las cornetas y caracoles, y luego comenzaban a ir por su camino adelante. Esta
procesión se hacía para llevar a los que habían hecho algún

[20] Parte posterior de la cabeza.

[21] Bolsa de cuero.

[22] En el texto original dice *en estando ordenados*.

defe[c]to de los que se di[j]eron atrás, al lugar donde los habían de castigar, y así los llevaban presos en esta procesión. Llevábanlos asidos por los cabellos del cogote, para que no se huyesen. A algunos [de ellos] llevaban asidos por los mastles que llevaban ceñidos, y los muchachos sacristanejos que también habían hecho algún defe[c]to, llevábanlos puesto[s] sobre los hombros, sentados en un sentaderuelo hecho de espadañas verdes, y los otros muchachos que eran mayo[rc]illos llevaban asidos de la mano. Y llevándolos al agua donde los habían de castigar, arrojábanlos en el agua dondequiera que hallaban alguna laguna en el camino, y maltratábanlos de p[u]ñadas y coces y e[m]pellones, y los arr[oj]aban y los revolcaban en el lodo de cualquier laguna que estaba en el camino. [De esta] manera los llevaban hasta la orilla del agua donde los habían de [zambullir], la cual llamaban Totecco. [L]legados a la orilla del agua, el sátrapa y los otros ministros quemaban papel en sacrificio, y las formas de copal que llevaban y las imágenes de *ulli*, y echaban [i]ncienso en el fuego. Y otro derramaban alrededor, sobre las esteras de juncia con que estaba ordenado aquel lugar. Juntamente con esto, los que llevaban los culpados arronjábanlos en el agua, cuyos golpes hacían gran estruendo en el agua, y alzaban el agua echándole en alto, por razón de los que caían en ella. Y los que salían arriba, tornábanlos a [zambullir]. Y algunos que sabían nadar iban por deba[j]o del agua, a [sumergirlo], y salía le[j]os, y así se escapaba. Pero los que no sabían nadar, de tal manera los fatigaban que los de[j]aban por muertos a la orilla del agua. Allí los tomaban sus parientes y los colgaban de los pies para que echasen fuera el agua que habían bebido, por las narices y por la boca.

Esto acabado, volvíanse todos por el mismo camino que habían venido en procesión. Iban tañendo sus caracoles hacia el cu o mon[a]sterio de donde habían venido. Y a los castigados llevábanlos sus parientes a sus casas. Iban todos lastimados y temblando de frío y batiendo los dientes. Así los llevaban a sus casas para que convaleciesen.

Volviendo los sátrapas a su monasterio, echaban otra vez esteras de jun[ci]as, como jaspeadas, y también espadañas, y luego comenzaban otro ayuno de cuatro días, al cual llamaban *[netlalocazahualiztli]*.[23] En este ayuno no se acusaban los unos a los otros, ni tampoco comían a mediodía.

En estos cuatro días los sacristanejos apare[j]aban todos los ornamentos de papel que eran menester para todos los ministros, y también para sí. El uno [de estos] ornamentos se llamaba *tlaquechpányotl*, quiere decir, "ornamento que va sobre el pescuezo". El otro se llamaba *amacuexpalli*.[24] Era ornamento que se ponía tras el colodrillo, como una flor hecha de papel. El otro se llamaba *yiataztli*, que era un zurrón para llevar [i]ncienso. Este zurrón de papel comprábase en el tianquez. También compraban unos sartales de palo, los cuales se vendían también en el tianquez.

Acabados los cuatro días del ayuno, luego se adornaban los sátrapas con aquellos atavíos, y también todos los ministros. El día de la fiesta, luego de mañana, se ponían en la cabeza color azul. Poníanse en la cara y en los rostros miel mezclada con tinta. Todos llevaban colgados y sus zurrones con [i]ncienso, y bordados con caracolillos blancos. Los zurrones de los sátrapas mayores eran de cuero de tigre, y los de los otros menores eran de papel pintado a manera de tigre. Algunos [de estos] zurroncillos los figuraban a manera de ave que se llama *atzitzicuílotl*, y otros a manera de patos. Todos llevaban sus [i]nciensos los dichos zurrones.

Después de [estar] todos ataviados, luego comenzaban su

[23] "Ayuno de Tláloc."
[24] "Mechón de pelo en el colodrillo."

76

fiesta. Iban en procesión al cu. Iba delante de todos el sátra-pa del Tláloc. Éste llevaba en la cabeza una corona hecha a manera de escriño, justa a la cabeza y ancha arriba, y del medio [de ella] salía[n] muchos plumajes. Llevaba la cara untada con *ulli* derretido, que es negro como tinta. Llevaba una [ch]aqueta de tela que se llama *áyatl*. Llevaba una caranto-ña fea con grande nariz. Llevaba una cabellera larga hasta la cinta. Esta cabellera estaba enjerida con la carátula. S[e]-guíanle todos los otros ministros y sátrapas. Iban hablando como quien reza, hasta llegar al cu de Tláloc. Llegando, el sátrapa de aquel dios parábase, y luego tendían esteras de juncos, y también hojas de tunas, e[m]polvorizadas con [i]n-cienso. Luego sobre las esteras ponían cuatro chalchihuites redondos, a manera de bolillas, y luego daban al sátrapa un garabatillo teñido con azul. Con este garabato tocaba a cada una de las bolillas y, tocando, hacía un ademán como retra-yendo la mano, y daba una vuelta, y luego iba a tocar a la otra, y hacía lo mismo. Así tocaba a todas cuatro, con sus vol-tezuelas. Hecho esto, sembraba [i]ncienso sobre las esteras, de aquello que llaman *yiauhtli*. Sembrado el [i]ncienso, dában-le luego la tabla de las sonajas, y comenzaba a hacer sonido con ella, meneándola para que sonasen los palillos que en medio estaban incorporados o atados. Hecho esto, luego se comenzaban todos a ir a sus casas y mon[a]sterios, y a los cas-tigados llevaban a sus casas. Luego se descomponían de los ornamentos con que iban compuestos y se sentaban, y luego a la noche comenzaban la fiesta. Tocaban sus teponaztles y sus caracoles, y los otros instrumentos musicales, sobre el cu de Tláloc. Y cantaban en los monasterios, y tocaban las so-najas que suelen traer en los areitos. De todos estos instru-mentos se hacía una música muy festiva, y hacía velar toda aquella noche a los ca[u]tivos que habían de matar al día si-guiente, que los llaman imág[e]nes de los tlaloques.

Llegados a la medianoche, que ellos llamaban *yoalli xeli-hui*, comenzaban luego a matar a los ca[u]tivos. Aquellos que primero mataban decían que eran el fundamento de los que eran imagen de los tlaloques, que iban aderezados con los ornamentos de los mismos tlaloques, que decían que eran sus imág[e]nes, y así ellos m[o]rían a la postre. Íbanse a sentar sobre los que primero habían muerto.

Acaba[n]do de matar a éstos, luego tomaban todas las ofrendas de papel y plumajes y piedras preciosas y chalchihuites, y los llevaban a un lugar de la laguna que llaman Pantitlan, que es frontera de las atarazanas.[25] También llevaban los corazones de todos los que habían muerto, metidos en una olla pintada de azul y teñida con *ulli* en cuatro partes. También los papeles iban todos manchados de *ulli*.

Todos los que estaban presentes [en] esta ofrenda y sacrificio tenían en las manos aquella [hi]erba que llaman *iztáuh-yatl*, que es casi como a[j]en[j]os[26] de Castilla, y con ellos estaban o[j]eando, como quien o[j]ea moscas sobre sus caras y de sus hijos, y decían que con esto o[j]eaban los gusanos para que no entrasen en los ojos, para que no se causase aquella enfermedad de los ojos que ellos llaman *ixocuillohualizitli*.[27] Otros metían esta [hi]erba en las orejas. También por vía de superstición otros traían esta [hi]erba apuñada o apretada en el puño.

Llegados con todas sus ofrendas y con los corazones de los muertos, metíanse en una canoa grande, que era del señor, y luego comenzaban a remar con gran pr[i]sa. Los remos de los que remaban, todos iban teñidos de azul. También los remos iban manchados de *ulli*. Llegados al lugar donde se había de

[25] Se llama así al lugar donde se encuentran las embarcaciones.
[26] Planta como de un metro de altura con hojas blanquecinas y de un verde claro.
[27] "Agusanamiento de los ojos."

hacer la ofrenda, al cual se llamaba Pantitlan, metían la canoa entre muchos maderos que allí estaba[n] hincados en cerco de un sumidero que allí había, que llamaban *aóztoc*, entrando entre los maderos. Luego los sátrapas comenzaban a tocar sus cornetas y caracoles, puestos de pies en la proa de la canoa. Luego daban al principal [de ellos] la olla con los corazones. Luego los echaba en medio de aquel espacio que estaba entre los maderos, que era el espacio que tomaba aquella cueva donde el agua se sumía. Dicen que echados los corazones, se alborotaba el agua y hacía olas y espumas. Echados los corazones en el agua, echaban también las piedras preciosas y los papeles de ofrenda, a los cuales llamaban *tetéhuitl*. Atábanlos en lo alto de los maderos que allí estaban hincados. También colgaban algunos de los chalchihuites y piedras preciosas en los mismos papeles. Acabado todo esto, salíanse de entre los maderos. Luego un sátrapa tomaba un incensario a manera de cazo, y ponía en él cuatro de aquellos papeles que llamaban *tetéhuitl*, y encendíalos; y estando ardiendo, hacía un ademán de ofrecer hacia donde estaba el sumidero, y luego arro[j]aba el incensario con el papel ardiendo hacia el sumidero.

Hecho aquello, volvía la canoa hacia tierra, y comenzaban a remar y aguijar hacia tierra donde llaman Tetamazolco, que éste era el puerto de las canoas. Luego todos se bañaban en el mismo lugar, y [de allí] llevaban la canoa a donde la solían guardar.

Todo lo sobredicho se hacía desde media noche arriba hasta que amanecía. Al romper de la mañana, y todas las cosas acabadas, todos los sátrapas se iban a lavar a los lugares donde ellos se solían lavar. Allí se lavaban todos con agua para quitar [el] color azul, solamente la delantera de la cabeza. Y así algunos de los sátrapas o ministros de los ídolos que estaban acusados y habían de ser castigados, entonce[s], cuando se lavaban con el agua azul, le traían y le castigaban como a los arriba dichos.

Hecho esto, luego se iban a su mon[a]sterio y sacaban todas las esteras de juncos verdes que habían puesto, y las echaban fuera del mon[a]sterio, detrás de la casa.

Éstas son las cer[e]monias que se hacían en la fiesta que se llamaba *Etzalcualiztli*.

CAPÍTULO XXVI
De la fiesta y cer[e]monias que se hacían en las calendas del séptimo mes, que se nombraba Tecuilhuitontli[1]

AL SÉPTIMO mes llamaban *Tecuilhuitontli*. En este mes hacían fiesta y sacrificios a la diosa de la sal, que llamaban Huixtocíhuatl. Era la diosa de los que hacen sal. Decían que era hermana de los dioses de la [ll]uvia y, por cierta desgracia que hubo entre ellos y ella, la persiguieron y desterraron a las aguas saladas, y allí inventó la sal, de la manera que a[h]ora se hace, con tinajas y amontona[nando] la tierra salada. Y por esta invención la honraban y adoraban los que trataban en sal.

Los atavíos [de esta] diosa eran de color amarill[o], y una mitra con muchos plumajes verdes que salían [de ella], como penachos alto[s], que del aire resplandecían de verdes, y tenía las orejas de oro muy fino y muy resplandeciente, como flores de calabaza. Tenía el huipil labrado con olas de agua. Estaba bordado el huipil con unos chalchihuites pintados. Tenía las naguas labradas de la misma obra del huipil. Tenía en las [g]argantas de los pies atados cascabeles de oro o caracolitos blancos. Estaban en[j]eridos en una tira de cuero de tigre. Cuando andaba hacían gran sonido. Los cactles o cotaras que llevaba eran te[j]idos con hilo de algodón y los botones de los cactles o cotaras también eran de algodón; y las cuerdas con que se ataban también eran de algodón flo[j]o.

[1] "Fiestecilla de los señores."

Tenía una rodela pintada con unas hojas anchas de la [hi]erba que se llama *atlacuezona*.[2] Tenía [en] la rodela colgando unos rapacejos de plumas de papagayo con flores en los cabos, hechas de pluma de águila. Tenía una flocadura hecha de pluma pegada de quetzal; también plumas del ave que se llama *zacuan*, y otras plumas del ave que llaman *teuxólotl*.

Cuando bailaba con estos aderezos, iba campeando la rodela. Llevaba en la mano un bastón rollizo, y en lo alto como un palmo o dos ancho, como paleta, adornado con papeles goteados con *ulli*, tres flores hechas de papel, una en cada tercio. Las flores de papel iban llenas de [i]ncienso; junto a las flores iban unas plumas de *quetzalli* cruzadas o aspadas. Cuando bailaba en el areito, íbase arrimando al bastón y alzándole a compás del baile. Diez días continuados bailaba en el areito, con mujeres que también bailaban y cantaban por alegrarla. Eran todas las que hacían sal, viejas, mozas y muchachas. Iban todas estas mujeres trabadas las unas de las otras con unas pequeñas cuerdas. La una asía d[e] un cabo de la cuerda; la otra del otro. Y [así] iban bailando: llevaban todas guirnaldas en las cabezas, hechas de aquella [hi]erba que se llama *iztáuhyatl*, que es casi como a[j]en[j]os de Castilla.

[El] cantar que cantaban decíanle un tiple[3] muy alto. Iban algunos viejos delante [de ellas], guiándolas y r[i]giendo el cantar. La que iba compuesta con los atavíos de la diosa, y que había de morir, iba en medio de todas ellas, y delante [de ella] iba un viejo que llevaba en las manos un plumaje muy hermoso hecho a manera de manga de cruz. Llamábase este plumaje *huixtopetlácotl*.[4] Este cantar comenzaban de sobre tarde, y llegaban hasta la media noche cantando.

[2] "Madre de las olas."
[3] En forma muy aguda.
[4] "El entreverado de la sal."

Todos estos diez días andaba en el baile y cantaba aquella que había de morir con las otras. Pasados los diez días, toda una noche entera bailaba y cantaba aquella que había de morir, sin dormir ni reposar, y traíanla de los brazos unas viejas, y todas bailaban en esta noche. También bailaban y velaban los esclavos que habían de morir delante [de ella], sobre los cuales había de ir a la mañana.

Cuando era la fiesta, aderezábanse los sátrapas que habían de matar a esta mujer, que la llamaban como a la diosa Huixtocíhuatl, y a los ca[u]tivos, a los cuales llamaban *huixtoti*.[5] También iban compuestos con los ornamentos conform[e] a la fiesta, con sus papeles al pescuezo, y en la cabeza llevaban unos plumajes a cuestas, hechos a manera de un pie de águila, con toda su pierna y plumas, hecho todo de pluma, puesto en un *cacaxtli*[6] agujerado en diversas partes, y en estos agujeros iban hincados plumajes. Llevábanle ceñido con unas vendas de manta, coloradas, d[e] anchura de dos manos. El pie del águila llevaba las uñas hacia arriba; el muslo hacia aba[j]o. Entre las uñas, en medio del pie, estaba agujerado, y en aquel agujero iba metido un muy hermoso plumaje.

Toda la gente que miraba el areito tenía en las manos flores amarillas que llaman *cempoalxúchitl*. Otros tenían la [hi]erba que llaman *iztáuhyatl* en las manos. Luego subían a la mujer que habían de matar, que decían ser imagen de la diosa Huixtocíhuatl, a lo alto del cu de Tláloc, y tras ella subían a los ca[u]tivos, que también habían de morir antes [de ella].

Estando todos arriba, comenzaban a matar a los ca[u]tivos, los cuales muertos, mataban también a la mujer a la postre, a la cual, echada de espaldas sobre el ta[j]ón, cinco mancebos

---

[5] "Salineros."
[6] Especie de gancho de madera que sirve para cargar bultos.

la tomaban por los pies y por las manos y por la cabeza, y teníanla muy tirada. Poníanl[e] sobre la [g]arganta un palo rollizo, al cual tenían dos apretándole para que no pudiese dar voces al tiempo que l[e] abriesen los pechos. Otros dicen que éste era un hocico de espadarte, que es un pez marino que tiene un arma como espada en el hocico, que tiene colmillos de ambas partes. Con éste l[e] apretaban la [g]arganta. Según otros, el que la había de matar estaba a punto. Estando[7] como había de estar, luego con dos manos l[e] daba con el pedernal por los pechos, y r[o]mpiendo[8] el pecho, luego la sangre salía con gran ímpetu, porque la tenían muy e[x]tendida y el pecho muy tieso. Y luego metía la mano el mismo que la degolló, y sacaba el corazón, y luego l[o] ofrecía al Sol, y l[o] echaba[n] en una [j]ícara que estaba para esto aparejada, que llamaban *chalchiuhxicalli.*[9]

Cuando estas cosas se hacían [en] la muerte [de esta] mujer, tocaban muchas cornetas y caracoles. Luego descendían el cuerpo de aquella mujer, y el corazón cubierto con una manta. Acabado de hacer esto, que era de mañana, toda la gente que estaba a ver este sacrificio se iba para sus casas, y todos comían y holgaban, y convidaban los unos a los otros, esto es, toda la gente que trataba [la] sal, bebí[a] largamente pul[qu]e, aunque no se emborrachab[a]. Pasado este día y venida la noche, algunos que se emborrachaban reñían los unos con los otros, o apuñábanse,[10] o daban voces, baldonándose[11] los unos con los otros. Después de cansados, echábanse a dormir por esos suelos, a donde se acertaban.

Después, [al] otro día, bebían el pul[qu]e que había so-

[7] En el original dice *en estando.*
[8] En el original dice *en rompiendo.*
[9] "Jícara de piedra verde."
[10] Dábanse de puñadas.
[11] Injuriándose.

brado. Llamábanle *cochuctli*.[12] Y aquellos que estando borrachos la noche antes habían reñido o apuñado a otros, [después] se lo decían, estando ya en buen seso y después de haber dormido, convidaban a beber a los que habían maltratado de obra o de palabra porque los perdonasen lo que mal habían dicho o hecho y, [a] los agraviados [por el] beber, luego se les quitaba el enojo y perdonaban de buena gana sus injurias.

Aquí se acaba la relación de la fiesta que se llamaba *Tecuilhuitontli*.

[12] "Pulque de sueño."

CAPÍTULO XXVII
De la fiesta y sacrificios que se hacían en las calendas del octavo mes, que se decía Huei tecuílhuitl[1]

AL OCTAVO mes llamaban *Huei tecuílhuitl*. Ante[s] de llegar a esta fiesta, cuatro o cinco días el se[ñ]or y el pueblo hacían convite a todos los pobres, no solamente del pueblo, pero también de la comarca. Para darlos a comer hacían una manera de breba[j]e que ellos llaman *chienpinolli*.[2] Hacían gran cantidad de este breba[j]e, mezclando agua y harina de *chían* en una canoa. Todos tomaban de aquel breba[j]e con unas escudillas que llamaban *tizaapanqui*. Cada uno de los que estaban presentes bebí[a] uno o dos de escudillas de aquel *chianpinolli*, niños, hombres y mujeres, sin quedar nadie. Los que no p[o]dían acabar lo que tomaban, guardaban su sobra. Algunos llevaban otras va[s]i[j]as para guardar las sobras, y el que no llevaba nada en que recibiese la sobra, echábansela en el regazo. Nadie iba a beber dos veces. A cada uno daban una vez todo cuanto podía beber, y si alguno tornaba otra vez, dábanle de verdascazos[3] con una caña verde.

Después de haber todos bebido, sentábanse y reposaban, y poníanse en corrillos y comenzaban a parlar los unos [con] los otros, y tenían gran chacota. Entonce[s] bebían las sobras o l[as] daban a beber a sus hij[u]elos.

A la hora del comer, que era el mediodía, sentábanse otra

---

[1] "Gran fiesta de los señores."
[2] Harina de chía.
[3] Golpe.

vez ordenadamente. Los niños y niñas con sus padres y madres se sentaban. Sentada la gente, los que habían de dar la comida ataban sus mantas a la cinta, según lo demanda la disposición de aquel e[j]ercicio. Ataban los cabellos con una espadaña, a manera de guirnalda, porque no se les p[u]siesen delante [de] los ojos. Cuando s[e]rvían, luego tomaban tamales a almantadas,[4] y comenzaban desde los principios de las ren[g]les[5] a dar tamales, y daban a cada uno todos los tamales que podían tomar con una mano. Daban tamales de muchas maneras: unos llamaban *tenextamalli;* otros *xocotamalli;* otros *miahuatamalli;* otros *yacacoltamalli;* otros *necuhtamalli;* otros *yacacollaoyo;* otros *exococolotlaoyo.* Los que servían tenían cuidado [de] los niños y niñas en especial; y algunos de los servidores a sus amigos y parientes daban más tamales. Nadie tomaba dos veces; y si alguno se atrevía a tomar dos veces, dábanle de azotes con una espadaña torcid[a], y tomábanle lo que había tomado y lo que le habían dado. Algunos de los que estaban a la postre no les alcanzaba nada. Por tanto, porfiaban[6] de ponerse en buen lugar para que luego les diesen. Los que se quedaban sin nada, lloraban y acuitábanse[7] por no haber podido tomar nada, diciendo: "De balde hemos venido acá, que no nos han dado nada". Íbanse hacia los corrillos donde estaban comiendo, por ver si l[e]s da[ban] algo, y no se querían apartar de allí, aunque les daban de verd[a]scazos. Entremetíanse entre los otros, escolándose.[8]

Ocho días duraba este convite que hacía el señor a los pobres, porque cada año en este tiempo hay falta de manteni-

---

[4] Porciones.
[5] Fila.
[6] Insistían.
[7] Se afligían.
[8] Pasando por sitios estrechos.

mientos y hay fatiga de hambre. En este tiempo solían m[o]rir muchos de hambre.

Acabado este convite, comenzaban luego la fiesta. Comenzaban luego a cantar y a bailar; luego, poniéndose el Sol, en el patio de los c[ú]es, donde había gran copia[9] de braseros, altos cerca de un estado y gruesos que apenas los podían dos abrazar, estaban en ren[g]le muchos [de ellos], y anocheciendo encendía[n] fuego sobre ellos y, a la lumbre de aquel fuego y llama, cantaban y bailaban.

Para comenzar el areito salían los cantores de las casas que eran sus aposentos. Salían ordenados y cantando y bailando de dos en dos hombres, y en medio de cada dos hombres una mujer. Estos que hacían este areito era toda gente escogida, capitanes y otros valientes hombres e[j]ercitados en las cosas de la guerra. Estos que llevaban [a] las mujeres entre sí, [las] llevaban asidas de las manos. La otra gente noble, que no er[a] e[j]ercitad[a] en la guerra, no entrab[a] en este areito. Iban las mujeres muy ataviadas, con ricos huipiles y naoas, labrados de diversas labores, y muy costosos: unas llevaban naoas que llaman *yollo;* otras que llaman *totolitipetlayo;* otras que llaman *cacamoliuhqui;* otras que llaman *ilactziuhqui o tlatzcállotl;* otras que llaman *pétztic;* todas con sus cortapisas muy labradas. Y los huipiles, unos llevaban los que se llaman *cuappachpipílcac;* otros que llaman *poc-huipilli;* otros que llaman *yapalpipílcac;* otros que llaman *cacallo;* otros que llaman *mimichcho;* otros blancos, sin ninguna labor. [En] las [g]argantas [de estos] huipiles llevaban un[a]s labores muy anchas, que cubrían todo el pecho, y las flocaduras de los huipiles eran muy anchas.

Bailaban estas mujeres en cabello, los cabellos tendidos, y las trenzas con que s[u]elen atar los cabellos llevábanlas

[9] Abundancia.

atadas desde la frente al colodrillo. Ninguna cosa llevaba[n] en la cara puesta. Todas llevaban las caras esentas y limpias.

Los hombres andaban también muy ataviados. Traían una manta de algodón, rala como red. Los que [de ellos] eran señalados por valientes y que podían traer bezotes,[10] traían estas mantas bordadas de caracolitos blancos. Estas mantas así bordadas llamaban *nochpalcuechintli*. Los demás, que no eran así señalados, traían estas mantas negras con sus flocaduras. Todos llevaban orejeras hechas de una materia ba[j]a; pero los que iban delante llevaban orejeras de cobre con unos pinjantes,[11] y los bezotes llevaban conforme a las orejeras. Unos los llevaban hechos a manera de lagartija; otros a manera de perrillos; otros cuadrados o de cuatro esquinas. Y los mancebos que habían hecho alguna cosa señalada en guerra, llevaban unos bezotes redondos, como un círculo, con cuatro circulillos en cruz, dentro en la circunferencia, que era algo ancha. Todos los otros mancebos llevaban unos bezotes a manera de círculo, sin otr[a] labor. Todos estos bezotes eran hechos de conchas de hostias de la mar.

Todos los valientes llevaban unos collares de cuero, y [de ellos] colgaban sobre los pechos unas borlas a manera de flores grandes, de las cuales colgaban unos caracolillos blancos en cantidad. Otros llevaban unas conchas de mariscos colgadas del cuello. A éstos llamaban *cuacuachicti*, y, a otros, *otomin*. Éstos llevaban también unos barbotes o bezotes hechos a manera de águila de la misma concha. Y, otros que se tenían por más valientes, compraban unas cuentas blancas de unos mariscos que se llaman *teuchipoli*.

La otra gente ba[j]a se adornab[a] con unas cuentas amarillas, también hechas de conchas de mariscos, que son

---

[10] Arracada que se ponían en el labio inferior.
[11] Joya de cualquier material que se trae colgando.

baratas y de poco valor. Los [de estos] que habían tomado en la guerra ca[u]tivos llevaban sobre la cabeza un plumaje para ser conocidos que habían preso en la guerra algún ca[u]tivo.

Los capitanes llevaban unos plumajes atados en las espaldas, en que se conocían ser valientes, los cuales plumajes llamaban *cuauhtzontli*, porque eran como unos árboles de [los] que salían unas ramas labradas de hilo y pluma, con unas flores en los remates que salían de unos vasitos de cuero de tigre. Otros llevaban otros plumajes de otras maneras, unos que llamaban *xiloxochiquetzalli;* otros que llamaban *aztaxelli;* otros llevaban unos plumajes que llamaban *cuatótotl;* otros llevaban unos plumajes hechos de su mano de diversas colores. En los pies algunos llevaban atados al pie izquierdo [pescuños] de ciervos, atados con unas correas de ciervo, delgadas.

Iban todos embi[j]adas las caras de diversas maneras: unos con tinta negra hacían en los carrillos unas r[u]edas negras, y en la frente una raya también de tinta negra que toma de sien a sien. Sobre la tinta echaban marca[s]ita. Otros ponían una raya de tinta negra desde la una oreja hasta la otra, por la frente. También echaban marca[j]ita. Otros echaban una raya de tinta desde la punta de la oreja hasta la boca con su marca[j]ita. Todos ellos llevaban cortados los cabellos de una manera, hacia las sienes, rapados a navaja en la frente, un poco largos los cabellos y todo lo delantero de la cabeza escarrapuzados *[sic]* hacia arriba. Por todo el cogote llevaban colgados cabellos largos, que colgaban hasta las espaldas. En las sienes llevaban puesto color amarillo. Lleva[ban] hachas de teas[12] encendidas delante de sí cuando iban danzando. Llevaban estas hachas unos soldados mancebos, e[j]ercitados

---

[12] Astilla de madera impregnada en resina y que, encendida, alumbra como un hacha.

en la guerra, que se llamaban *telpuchtequihuaque*.[13] Eran pesados estos hachones: hacían [doblegar] a los que los llevaban. Iba goteando la resina y cayendo brasas de los hachones y, algunas veces, algunas teas ardiendo se caían. Por los lados, de una parte y de otra, iban alumbrando con candeleros de teas que se llaman *tlémaitl*.[14] Éstos llevaban unos mancebos que por su voto hacían penitencia veinte días en el cu. Los de la una parte eran tenuchcas y, [los] de la otra parte eran tlatilolcas. Éstos no bailaban; solamente iban alumbrando, y miraban con diligencia si alguno hacía deshonestidad, mirando o tocando a alguna mujer. Y si alguno era visto hacer algo [de esto], el día siguiente o después de dos días le castigaban reciamente, atizon[á]ndole, dándole de porrazos con tizones, tanto que le de[j]aban por muerto.

El señor algunas veces salía a este areito; otras veces no, como se le antojaba. Los que danzaban unos iban asidos por las manos, otros echaban los brazos a su compañero, abrazándole por la cintura; todos llevaban un compás en el alzar del pie y en el echar del paso adelante, y en el volver atrás, y en el hacer de las v[u]eltas. Danzaban por entre los candeleros o f[o]gones, haciendo contrapás entre ellos. Danzaban hasta bien noche. Cesaban a la hora de las nueve de la noche.

Cesando[15] el que tañía el tambor[16] y *teponaztli*, luego todos se paraban y luego comenzaban [a] ir a sus casas. A los muy principales iban alumbrando con sus hachas de tea delante. Y las mujeres que habían danzado juntábanse todas acabando el areito, y los que tenían cargo [de ellas] llevábanlas a las casas donde solían juntarse. No consentían que se derramasen, ni que se fuesen con ningún hombre, e[x]cep-

[13] "Los guerreros jóvenes."
[14] "Mano o brazo de fuego."
[15] En el texto original dice *en cesando*.
[16] En el original dice *atambor*.

to con los principales si llamaban a algunas [de ellas] para darles de comer. También a las matronas que las guardaban l[e]s daban comida y mantas porque las llevaban a sus casas. Lo que le[s] sobraba de la comida siempre lo llevaban a su casa.

Algunos principales soldados, si querían llevar [a] alguna de aquellas mozas, decíanlo secretamente a la matrona que las guardaba para que la llevase. No osaban llamarlas públicamente. La matrona la llevaba a casa de aquél o adonde él mandaba. De noche la llevaba y de noche salía. Si alguno [de éstos] hacía esto públicamente, érasele tenido a mal y castigábanle por ell[o] públicamente. Quitábanle los cabellos que traía por señal de valiente, que ellos llamaban *tzotzocolli*,[17] y tomábanle las armas y los atavíos que usaba. El castigo era que le apaleaban y le chamuscaban la cabeza. Todo el cuerpo se le arronchaba y hacía ve[j]igas del fuego y de los palos. Luego le arr[oj]aban por ahí adelante, y decíanle: "Anda, vete, bellaco; aunque seas valiente y fuerte no te tenemos en nada; aunque vengan nuestros enemigos a hacernos guerra no haremos cuenta de ti". Estas y otras palabras injuriosas le decían. Después que le echaban por ahí a empellones, íbase azcadilando *[sic]* y cayendo y que[j]ándose por el mal tratamiento que le habían hecho. Nunca más volvía a danzar ni a cantar. Y la mujer con quien éste se había amancebado, también la despedían de la compañía de las otras. Nunca más había de danzar ni de cantar ni de estar con las otras, ni la que tenía cargo [de ellas] hacía más cuenta [de ella]. Y el mancebo que fue castigado tomaba por mujer a la que también fue castigada por su causa.

Andados diez días [de este] mes, celebraban la fiesta que se llamaba *Huei tecuílhuitl*, en la cual, a honra de la diosa

---

[17] "La olla."

que se llamaba Xilonen, mataban una mujer, la cual componían y adornaban con los ornamentos de la diosa, y decían que era su imagen, a la cual adornaban [de esta] manera: poníanl[e] la cara de dos colores, desde la nariz aba[j]o de amarillo y la frente de colorado; poníanl[e] una corona de papel de cuatro esquinas, y del medio de la corona salían muchos plumajes como penachos; colgába[n]l[e] del cuello muchos sartales de piedras ricas, anchas, los cuales le adornaban los pechos; sobre las piedras llevava una medalla de oro redonda; vestíanla de un huipil labrado de imág[e]nes del Demonio, y poníanle unas naoas semejantes al huipil; todo era curioso y rico; poníanl[e] cotaras pintadas de uñas listas coloradas; poníanle en el brazo izquierdo una rodela y, en la otra mano, un bastón teñido de color bermejo.

Ataviada con estos atavíos cercábanla muchas mujeres. Llevábanla en medio a ofrecer [i]ncienso a cuatro partes. Esta ofrenda hacía[n] a la tarde, antes que muriese. A esta ofrenda llamaban *xalaquia*,[18] porque el día siguiente había de morir. El uno [de estos] lugares se llama Tetamazolco; el otro se llama Nécoc Ixecan; el otro se llama Atenchicalcan; el cuarto se llama Xolloco. Estos cuatro lugares donde ofrecían era en reverencia de los cuatro caracteres de la cuenta de los años. El primero se llama *ácatl*, que quiere decir, "caña". El segundo se llama *técpatl*, que quiere decir, "pedernal", como hierro de lanza. El tercero se llama *calli*, que quiere decir, "casa". El cuarto se llama *tochtli*, que quiere decir, "conejo". Con estos cuatro caracteres, andando alrededor hasta que cada uno [de ellos] tuviese trece años, contaban la cuenta de los años hasta cincuenta y dos.

Acabadas de andar estas estaciones, toda aquella noche antes que la matasen cantaban y danzaban las mujeres, ve-

[18] "Entrar en arena."

lando toda la noche delante del cu de la diosa Xilonen. Y esta que había de morir traíanla en el medio. El cantar que decían era a honra de la diosa Xilonen.

Venida la mañana, comenzaban a bailar todos los hombres de cuenta. Llevaban todos en las manos unas cañas de maíz, como arrimándose a ellas. A estas cañas de maíz llamaban *totopánitl*. También bailaban las mujeres, juntamente con la que había de morir, y traían e[m]plumadas las piernas y los brazos con pluma colorada. La cara llevaban teñida con color amarillo desde la barba hasta la nariz, y todas las qui[j]adas y la frente con color colorado. Llevaban todas guirnaldas de flores amarillas, que se llaman *cempoalxúchitl*,[19] y sartales de lo mismo las que iban delante guiando, las cuales se llamaban *cihuatlamacazque*, que eran las que servían en los cúes, que también vivían en sus mon[a]sterios.

Los hombres que iban danzando no iban entre las mujeres, porque las mujeres iban todas juntas, rodeadas de Xilonen, que era la que había de morir. Iban cantando y bailando. A las mujeres íbanlas tañendo con un *teponaztli* que no tenía más que una lengua encima y otra deba[j]o, y en la deba[j]o llevaba colgada una [j]ícara en que s[u]elen beber agua, y así suena mucho más que los que tienen dos lenguas en la parte de arriba, y ninguna aba[j]o. A este *teponaztli* llaman *tecomapiloa*.[20] Llevábale uno deba[j]o del sobaco, tañéndole, por ser [de esta] manera hecho.

Los gentiles hombres que iban bailando iban delante y no llevaban aquel compás de los areitos, sino el compás de las danzas de Castilla la Vieja, que van unos trabados de otros y culebreando. También los ministros de los ídolos iban bailando y danzando al son del m[i]smo *teponaztli*. Iban tañendo

[19] "Veinte flores."
[20] "Cazoleta que pende."

sus cornetas y sus caracoles. Y cuando los sátrapas hacían vuelta delante de la diosa Xilonen, sembraban [i]ncienso por donde iba a pasar, y el sátrapa que había de matar [a] aquella mujer iba con sus aparejos, y a cuestas llevaba un plumaje que salía de entre las uñas de un águila, el cual plumaje estaba enjerido en una pierna de águila hechiza. Y uno de los sátrapas llevaba delante la tabla de las sonajas, de que habemos hablado atrás.

Llegando[21] al cu del dios que se llamaba Cintéutl, donde había de morir esta mujer, poníase delante [de ella] el sátrapa que llevaba la tabla de las sonajas que se llamaba *chicahuaztli*, y poníala enhiesta delante [de ella], y comenzaba hacer ruido con las sonajas, meneándole a una parte y a otra. Sembraban delante [de ella] [i]ncienso, y haciendo esto, la subían hasta lo alto del cu. Allí la tomaba luego uno de los sátrapas a cuestas, espaldas con espaldas, y luego llegaba otro y l[e] cortaba la cabeza. Acabándol[e] de cortar la cabeza, le abrían los pechos y l[e] sacaban el corazón, y le echaban en una [j]ícara.

Hecho este sacrificio a honra de la diosa Xilonen, tenían todos licencia de comer [j]ilotes y pan hecho [de ellos], y de comer cañas de maíz. Antes [de este] sacrificio nadie osaba comer estas cosas. También de ahí [en] adelante comían bledos verdes cocidos, y p[o]dían también oler las flores que se llaman *cempoalxúchitl*, y las otras que se llaman *yiexúchitl*.[22]

También en esta fiesta hacían areito las mujeres, mozas, viejas y muchachas. No bailaba con ellas hombr[e] ningun[o]. Todas iban ataviadas de fiesta, e[m]plumadas las piernas y los brazos con pluma colorada de papagayos, afeitadas las caras con color amarillo y con marca[s]ita.

---

[21] En el original dice *en llegando*.
[22] "Flor de tabaco."

En esta fiesta todos comían unos tamales que llaman *xocotamalli* y hacían ofrendas a sus dioses en sus casas. Y los viejos y viejas bebían vino; pero los mozos y mozas, no. Y si algunos de los que no tenían licencia lo bebían, echábanlos presos y castigábanlos. Los de la audiencia los sentenciaban, que llamaban *petlacalco*. [A] algunos sentenciaban con pena de muerte por beber el pul[qu]e, y los así sentenciados ningún remedio tenían. Matábanlos delante [de] todo el pueblo, porque en ellos escarmentasen los otros. Y para poner espanto a todos, llevábanl[e]s los jueces las manos atadas al tian[guis], y allí hablaban a todo el pueblo, que nadie bebiese el pul[qu]e sino los viejos y viejas. Y después que se acababa la plática, luego daban a los que habían de morir con un bastón tras el cogote, y le[s] [m]ach[u]caban. Los verdugos [de este] oficio se llamaban *cuauhnochtli, ezhuahuácatl, ticociahuácatl, tezcacohuácatl, mazatécatl, atenpanécatl*. Éstos no eran de los senadores, sino de la gente ba[j]a que llamaban *achcacauhti*. No venían por ele[c]ción a aquel oficio, sino mandados. Solamente pretendían para este oficio que fuesen valientes, esforzados y de buena plática. Los que v[e]ían hacer esta justicia tomaban temor y escarmiento si eran avisados. Pero los que eran tochos[23] y [eran] [a]locados, reíanse [de este] negocio y burlában[se] de lo que se decía. No tenían en nada el castigo ni la plática. Todo lo echaban por alto. No temían la muerte.

Acabando[24] de hacer esta justicia, todos los que estaban juntos mirándola comenzaban a derramarse [e] irse a sus casas, levantando mucho polvo con los pies y sacudiendo sus mantas. No quedaba nadie en aquel lugar.

Aquí se acaba la relación de la fiesta llamada *Huei tecuhilhuitl*.

---

[23] Toscos, incultos, tontos.
[24] En el original dice *en acabando*.

CAPÍTULO XXVIII
De la fiesta y sacrificios que se hacían en las calendas del nono mes, que se llamaba Tlaxuchimaco[1]

Al nono mes llamaban *Tlaxuchimaco*. Dos días antes que llégase esta fiesta, toda la gente se derramaba por los campos y maizales a buscar flores, de todas maneras de flores, [así] silvestres como campesinas, de las cuales unas se llamaban *acocoxúchitl, huitzitzilocoxúchitl, tepecempoalxúchitl, nextamalxúchitl, tlacoxúchitl;* otras se llaman *oceluxúchitl, cacaloxúchitl, ocoxúchitl* o *ayocoxúchitl, cuauheloxúchitl, xiloxúchitl, tlalcacaloxúchitl, cempoalxúchitl, atlacuezonan;* otras se llaman *tlapalatlecuezonan,*[2] *atzatzamulxúchitl.* Y teniendo juntas muchas [de estas] flores, juntábanlas en la casa del cu donde se hacía esta fiesta. Allí se guardaban aquella noche, y luego, amaneciendo,[3] las ensartaban en sus hilos o mecatejos. Teniéndolas ensartadas, hacían sogas torcidas [de ellas], gruesas y largas, y las tendían en el patio de aquel cu, presentándolas a aquel dios cuya fiesta hacían.

Aquella misma tarde, la vigilia de la fiesta, todos los populares hacían tamales y mataban gallinas y perrillos, y pelaban las gallinas, chamuscaban los perrillos, y todo lo demás que era menester para el día siguiente. Toda esta noche, sin dormir, se ocupaban en aparejar estas cosas.

[1] "Se reparten flores."

[2] López Austin y García Quintana advierten que debe ser *tlapalatlacuezonan.*

[3] En el original dice *en amaneciendo.*

Otro día muy de mañana, que era la fiesta de Huitzilopochtli, los sátrapas ofrecían a este mismo ídolo flores, [i]ncienso
y comida, y adornaban con guirnaldas y sartales de flores.
Habiendo compuesto esta estatua de Huitzilopochtli con flores, y habiéndole presentado muchas flores, muy artificiosa-
mente hechas y muy olorosas, hacían lo mismo a todas las estatuas de todos los otros dioses, por todos los cúes. Y luego
en todas las casas de los señores y principales aderezaban
con flores a los ídolos que cada uno tenía, y les presentaban
otras flores, poniéndoselas delante. Y toda la otra gente popular hacía lo mismo en sus casas.

Acabado de hacer lo dicho, luego comenzaban a comer y
beber en todas las casas, chicos, grandes y medianos. Llegando a la hora del mediodía, luego comenzaban un areito muy
pomposo en el patio del mismo Huitzilopuchtli, en el cual los
más valientes hombres de la guerra, que se llamaban unos *otomin*, otros *cuacuachicti*, guiaban la danza; y luego tras ellos
iban otros que se llaman *tequihuaque*, y tras ellos otros que
se llaman *telpuchyaque*, y tras ellos otros que se llaman *tiach-
cahuan*, y luego los mancebos que se llaman *telpupuchti*. También en esta danza entraban mujeres, mozas públicas. [E]
iban asidos de las manos, una mujer entre dos hombres, y un
hombre entre dos mujeres, a manera de las danzas que hace
en Castilla la Vieja la gente popular. Y danzaban culebreando
y cantando, y los que hacían el son para la danza y regían el
canto estaban juntos, arrimados a un altar redondo que llamaban *mumuztli*.

En esta danza no hacían ademanes ningunos con los pies
ni con las manos, ni con las cabezas, ni hacían vueltas nin-
gunas, más de ir con pasos llanos al compás del son y del canto, muy [d]espacio. Nadie osaba hacer ningún b[u]llicio, ni
atravesar por el espa[c]io donde danzaban. Todos los dan-
zantes iban con gran tiento, que no hiciesen alguna disonancia.

Los que iban en la delantera, que era la gente más e[j]ercitada en la guerra, llevaban echado el brazo por la cintura de la mujer, como abrazándola. Los otros, que no eran tales, no tenían licencia de hacer esto.

A la puesta del Sol cesaba este areito, y se iban todos para sus casas. Lo m[i]smo hacían en cada casa, cada uno delante de sus dioses. Había gran ruido en todo el pueblo por razón de los cantares y del tañer de cada casa. Los viejos y viejas bebían vino y e[m]borrachábanse, y re[ñ]ían unos con otros a voces, y otros se jactaban de sus valentías que habían hecho cuando mozos.

Aquí se acaba la relación de la fiesta que se llamaba *Tlaxuchimaco*.

CAPÍTULO XXIX
De la fiesta y sacrificios que se hacían en las calendas del décimo mes, que se llamaba Xócotl huetzi[1]

AL DÉCIMO mes llamaban *Xócotl huetzi*. Pasando[2] la fiesta de *Tlaxuchimaco* cortaban un gran árbol en el monte, de veinte y cinco brazas [de] largo y, habiéndole cortado, quitábanle todas las ramas y gajos del cuerpo del madero y de[j]aban el renuevo[3] de arriba del guión. Y luego cortaban otros maderos, y hacíanlos cóncavos. Echaban aquel madero encima [de ellos], y atábanle con maromas. Y [lo] llevaban arrastrando; y él no llegaba al suelo porque iba sobre los otros maderos, porque no se rozase la corteza.

Cuando ya llegaban cerca del pueblo, salían las señoras y mujeres principales a rec[i]birle. Llevaban [j]ícaras de cacao para que bebiesen los que le traían, y flores con que enrosaban a los que le traían. [Después que] habían llegado al patio del cu, luego comenzaban los tlayacanques o cuadrilleros, y daban voces muy fuertemente para que se juntas[e] todo el pueblo para levantar aquel árbol que llamaban *xócotl*.[4] Juntados todos, atábanle con maromas, y hecho un hoyo donde había de levantarse, tiraban todas por las maromas y levantaban el árbol con gran grita. Cerraban el hoyo con piedras y tierra para que quedase enhiesto, y así se estaba veinte días.

---

[1] "Cae el fruto."

[2] En el original dice *en pasando*.

[3] Vástago que echa el árbol después de cortado.

[4] Así se llama en náhuatl al fruto en general.

[En] la vigilia de la fiesta que se llamaba *Xócotl huetzi* tornábanl[e] echar en tierra muy poco a poco, porque no diese golpe, porque no se quebrase o h[e]ndiese. Y [así] le iban recibiendo con unos maderos atados de dos en dos, que llaman *cuauhtomázatl*, y poníanle en tierra sin que recibiese daño, y de[j]ábanle así; íbanse. Las maromas de[j]ábanlas co[g]idas sobre el mismo madero. Estábase toda aquella noche y el día de la misma, [y] amaneciendo, juntábanse todos los carpinteros con sus herramientas y labrábanle muy derecho; quitábanle si alguna corcova tenía; poníanle muy liso. Y labraban otro madero de cinco brazas, delgado. Hacíanle cóncavo, y poníanle en la punta desde donde comenzaba el guión, y reco[g]ían las ramas del guión dentro del cóncavo del otro madero, y atábanle con una soga, ciñiéndole desde donde comenzaba[n] las ramas hasta la punta del guión.

Acabado esto, los sátrapas, aderezados con sus ornamentos, componían el árbol con papeles. Ayudábanles los que llaman *cuacuacuiltin*, y los que llamaban *tetlepantlazque*, que eran tres muy altos de cuerpo. Al uno [de ellos] llamaban *coyohua*, y al otro *zacáncatl*, y al tercero *hueicamécatl*. Ponían estos papeles con gran solicitud y b[u]llicio. También componían de papeles a una estatua como de hombre, hecha de masa de semillas de bledos. Este papel con que lo componían era todo blanco, sin ninguna pintura ni tintura. Poníanle en la cabeza unos papeles cortados como cabellos, y unas estolas de papel de ambas partes, desde el hombro derecho al sobaco izquierdo, y desde el hombro izquierdo al sobaco derecho. Y en los brazos poníanl[e] papeles como alas, donde estaban pintadas imág[e]nes de [g]avilanes, y también un maxtle de papel. Ponían arriba unos papeles a manera de huipil, uno, de la una parte, y otro, a la otra, a los lados de la imagen. Y en el árbol, desde los pies de la imagen, colgaban unos papeles largos, que llegaban hasta el medio del árbol, que andaban revolando. Eran estos papeles anchos como media braza, y largos como diez brazas.

Ponían también tres tamales grandes hechos de semilla de bledos sobre la cabeza de la imagen, hincados en tres palos. Compuesto el árbol con todas estas cosas, atábanle diez maromas por la mitad [de él]. Atadas las maromas, tiraban [de ellas] con gran grita, exhortándose a tirar de las maromas, y como le iban levantando, poníanle unos maderos atados de dos en dos, y unos puntales sobre que descansase. Cuando ya le enhiestaban,[5] daban gran grita, y hacían gran estruendo con los pies. Luego le echaban al pie grandes piedras para que estuviese enhiesto y no se acost[a]se. Luego encima le echaban tierra. Hecho esto, íbanse todos a sus casas. Nadie quedaba allí.

Luego venían aquellos que tenían ca[u]tivos presos, que los habían de quemar vivos, y traíanlos allí adonde se había de hacer este sacrificio. Venían aderezados para hacer areito. Traían todo el cuerpo teñido con color amarillo, y la cara con color bermeja. Traían un plumaje como mariposa, hecho de plumas coloradas de papagayo. Llevaban [en] la mano izquierda una rodela, labrada de pluma blanca, con sus rapacejos que colgaban a la parte de aba[j]o. En el campo [de esta] rodela iban piernas de tigre o de águila, d[i]bujadas de pluma al propio. Llamaban a esta rodela *chimaltetepontli*.[6]

Cada uno de los que iban en el areito así aderezados iba pareado con su ca[u]tivo. Iban ambos danzando a la par. Los ca[u]tivos llevaban el cuerpo teñido de blanco, y el maxtle con que iban ceñidos era de papel. Llevaban también unas tiras de papel blanco, a manera de estolas, echadas desde el hombro al sobaco; llevaban también unos cabellos de tiras

[5] Levantaban.
[6] "Escudo de la rodilla."

de papel cortadas delgadas; llevaban emplumada la cabeza con plumas blancas a manera de bi[z]ma.[7] Llevaban un bezote hecho de pluma. Llevaban los rostros de color bermejo, y las m[ej]illas teñidas de negro. En este areito perseveraban hasta la noche.

Puesto el Sol, cesaban y ponían [a] los ca[u]tivos en unas casas que estaban en los barrios, que se llaman *calpulli*. Allí los estaban guardando los m[i]smos dueños, y velaban todos, y hacían velar a los ca[u]tivos. Ya cerca de la media noche, íbanse todos los viejos vecinos de aquel barrio a sus casas. Llegada la media noche, los señores de los esclavos, cada uno al suyo, cortábanl[e]s los cabellos de la corona de la cabeza a raíz del casco, delante del fuego y a honra del fuego. Estos cabellos guardaban como reliquias y en memoria de su valentía. Atábanlos con unos hilos colorados a unos penachos de garzotas, dos o tres. A la navajuela con que cortaban los cabellos llamábanla "uña del [g]avilán". Estos cabellos los guardaban en unas petaquillas o cofres hechos de caña, que llamaban "el cofre de los cabellos". Este cofre o petaca pequeñuela llevábala el señor del ca[u]tivo a su casa y colgábala de las vigas de su casa, en lugar público, porque fuese conocido que había ca[u]tivado en la guerra. Todo el tiempo de su vida le tenía colgado. Después de haber cortado los cabellos de la coronilla a los ca[u]tivos, sus dueños dormían un poco, y los ca[u]tivos estaban a mucho recado[8] porque no huyesen.

Amaneciendo,[9] luego ordenaban todos los ca[u]tivos delante del lugar que se llamaba *tzompantli*, que era donde espe[t]aban las cabezas de los que sacrificaban. Estando así ordenados, luego comenzab[a] uno de los sátrapas a quitarl[e]s

[7] Lienzo cubierto de emplasto.
[8] Precaución.
[9] En el original dice *en amaneciendo*.

unas banderillas de papel que [llevaban] en las manos, las cuales eran señal de que iban sentenciados a muerte. Quitábanles también los otros papeles con que iban aderezados, y alguna manta si llevaban cubierta; y todo esto poníanlo en el fuego para que se quemase, en un pilón hecho de piedras que llamaban *cuauhxicalli*.[10] Todos iban por esta orden desnudándolos y echando en el fuego sus atavíos, porque no tenían más necesidad de vestiduras ni otra cosa, como quien luego había de morir. Estando así todos desnudos esperando la muerte, venía un sátrapa aderezado con sus ornamentos, y traía en los brazos a [la] estatua del dios que llamaban Páinal, también adornada con sus atavíos. Llegado aquel sátrapa con su estatua que tenía en los brazos, subía luego al cu donde habían de morir los ca[u]tivos, y llegaba al lugar donde los había de matar, que se llamaba Tlacacouhcan. Llegado allí, luego tornaba a descend[e]r, y pasaba delante de todos los ca[u]tivos, y tornaba otra vez a subir como primero. Los señores de los ca[u]tivos estaban también ordenados en ren[g]le, cada uno cabe su ca[u]tivo y, cuando la segunda vez el Páinal subía al cu, cada uno [de ellos] tomaba por los cabellos a su ca[u]tivo y llevábalo a un lugar que se llama *apétlac*, y allí los de[j]aban todos.

Luego descendían los que los habían de echar en el fuego, y e[m]polvorizábanlos con [i]ncienso las caras, arrojándoselo[11] a puñados, el cual traían molido en unas talegas. Luego los tomaban, y atábanl[e]s las manos atrás, y también l[e]s ataban los pies. Luego los echaban sobre los hombros a cuestas, y subíanlos arriba a lo alto del cu, donde estaba un gran fuego y gran montón de brasa y, llegados arriba, luego daban con ellos en el fuego. Al tiempo que los arrojaban, al-

[10] "Recipiente de águila."

[11] En el original dice *arronjándoselo*.

zábase un gran polvo de ceniza, y cada uno adonde caía allí se hacía un gran hoyo en el fuego, porque todo era brasa y rescoldo. Y allí en el fuego comenzaba a dar v[u]elcos y hacer bascas el triste ca[u]tivo. Comenzaba a rechinar el cuerpo, como cuando asan algún animal, y levantábanse ve[j]igas por todas partes del cuerpo. Y estando en esta agonía, sacábanle con unos garabatos, arrastrando, los sátrapas que llamaban *cuacuacuiltin*, y poníanle encima del ta[j]ón que se llamaba *téchcatl*. Y luego le abrían los pechos de tetilla a tetilla, o un poco más ba[j]o. Luego le arrancaban el corazón y le arrojaban a los pies de la estatua de Xiuhtecuhtli, dios del fuego.

[De esta] manera mataban todos los ca[u]tivos que tenían para sacrificar en aquella fiesta y, acabándolos de matar, todos íbanse, toda la gente para su casa, y [la] estatua del dios Páinal llevábala el m[i]smo sátrapa que le había traído al lugar donde solía estar. Íbanle acompañando todos los viejos que estaban aplicados al servicio de aquel dios. Acabándole de poner en su lugar, descendíanse del cu.

Íbanse a sus casas a comer. [Y] acabando de comer, juntábanse todos los mancebos y moz[u]elos y muchachos. Todos aquellos que tenían vedi[j]as,[12] de cabellos en el cogote que llamaban *cuexpaleque*, y toda la otra gente, se juntaban en el patio de Xiuhtecuhtli, a cuya honra se hacía [esta] fiesta. Luego, al medio día, comenzaban a bailar y a cantar. Iban mujeres ordenadas entre los hombres. H[e]nchíase todo el patio de gente, que no había por donde salir, estando todos muy apretados.

[Y] cansándose de cantar y de bailar, luego daban una gran grita y salíanse del patio, [e] íbanse adonde estaba el árbol levantado. Iban cua[j]ados los caminos y muy llenos de gente, tanto que los unos se [a]tropellaban con los otros. Y los

---

[12] Mata de pelo enredada que se peina con dificultad.

capitanes de los mancebos estaban en derredor del árbol para que nadie subiese hasta que fuese tiempo, y defendían la subida a [g]arrotazos. Y los mancebos que iban determinados para subir al árbol, apartaban a empellones a los que defendían la subida. Y luego se asían de las maromas; comenzaban a subir por ellas arriba. Por cada maroma subían muchos a porfía.[13] Colgaba de cada maroma una piña de mancebos, que todos subían a porfía por ella. Y aunque muchos acometían a subir, pocos llegaban arriba; y el que primero llegaba, tomaba la estatua del ídolo que estaba arriba, hecha de masa de bledos. Tomábale la rodela y las saetas y los dardos con que estaba armado, y el instrumento con que se arrojan los dardos que se llama *átlatl*. Tomaba también los tamales que tenía a los lados; desmenuzábalos y arrojábalos sobre la gente que estaba aba[j]o. Toda la gente estaba mirando arriba; y cuando caían los pedazos de los tamales, todos e[x]tendían los brazos para tomarlos, y algunos reñían y se apuñeaban por el tomar de los pedazos. Había gran vocería sobre el tomar los pedazos que caían de arriba. Y otros tomaban los penachos que tenía sobre la cabeza la imagen o estatua, que echaba desde arriba el que había subido.

Hecho esto, el que había subido descendíase con las armas que había tomado de arriba. [Y] llegando aba[j]o, tomábanle con mucho aplauso, y llevábanle y subíanle a lo alto del cu que se llama Tlacacouhcan. Subíanle a aquel lugar muchos viejos. Allá le daban joyas o e[m]presas[14] por la valentía que había hecho. Y luego todos tiraban de las maromas con gran fuerza. Echaban en tierra el árbol, y daban gran golpe en el suelo, y hacíase pedazos. Hecho esto, todos se iban a sus casas; nadie quedaba allí. Y luego llevaban a su casa

[13] A competencia.

[14] Cierto símbolo o figura que alude a lo que se intenta conseguir o denota alguna prenda de que se hace alarde.

a aquel que había ganado en subir primero al árbol. Poníanle una manta leonada atada al hombro y por deba[j]o del brazo contrario, como se pone la estola al diácono. Llevaba esta manta una franja en la orilla, de *tochómitl* y pluma. Esta manera de manta era lícito traer a los que se hacían esta valentía. A los otros no les era lícito traer esta manta. Podíanlas tener en su casa y vender todos los que querían; pero no traerlas.

Aquel que había llevado la victoria, llevábanle trabado por los brazos dos sátrapas viejos que llamaban *cuacuacuiltin*, y muchos de los ministros de los ídolos iban tras ellos, tocando cornetas y caracoles. Llevaba a cuestas la rodela que había tomado en el árbol. De[j]ándole en su casa volvíanse al cu donde habían salido.

Ésta es la relación de la fiesta llamada *Xócotl huetzi*.

CAPÍTULO XXX
De la fiesta y cer[e]monias que se hacían en las calendas del onceno mes, que se llamaba Ochpaniztli[1]

Al onceno mes llamaban *Ochpaniztli*. Los cinco días primeros [de este] mes no hacían nada tocante a la fiesta. Acabados los cinco días, quince días antes de la fiesta, comenzaban a bailar un baile que ellos llamaban *nematlaxo*.[2]

Este baile duraba ocho días. Iban ordenados en cuatro ren[g]les y bailaban. En este baile no cantaban: iban andando y callando, y llevaban en las manos ambas unas flores que se llaman *cempoalxúchitl*, no compuestas, sino cortadas con la misma rama.

Algunos mancebos traviesos, aunque los otros iban en silencio, ellos hacían con la boca el son que hacía el ataba[l] a cuyo son bailaban. Ningún meneo hacían con los pies ni con el cuerpo, sino solamente con las manos, ba[j]ándolas y levantándolas a[l] compás del atabal. Guardaban la ordenanza con gran cuidado, de manera que nadie discrepase del otro.

Comenzaban este baile hacia la tarde, y acabábase poniéndose[3] el Sol. Esto duraba por ocho días, los cuales acabados, comenzaban luego las mujeres médicas, mozas y viejas, a hacer una escaramuza o pelea, tantas a tantas, partidas en dos escuadrones. Esto hacían las mujeres delante de aquella mujer que había de morir en esta fiesta, por regocijarla

---

[1] "Barrimiento."

[2] "Se arrojan los brazos."

[3] En el original dice *en poniéndose*.

para que no estuviese triste ni llorase, porque tenían mal agüero si esta mujer que había de morir estaba triste o lloraba, porque decían que esto significaban que habían de morir muchos soldados en la guerra o que habían de morir muchas mujeres de parto.

Cuando hacían esta escaramuza o pelea, aquella mujer que estaba diputada para morir, a la cual llamaban la imagen de la madre de los dioses, a quien la fiesta se hacía, hacía el primer acometimiento contra el escuadrón contrario. Iban acompañando a ésta tres viejas que eran como sus madres, que nunca se le quitaban del lado. A la una llamaban Ahua; a la otra Tlahuitecqui; a la tercerca Xocuauhtli. La pelea era que se apedreaban con pellas[4] hechas de aquellas hilachas que nacen en los árboles, o con pellas hechas de hojas de espadañas,[5] y con hojas de tunas, y con flores amarillas que llaman *cempoalxúchitl*. Todas iban ceñidas, y en la cintura llevaban unas calabazuelas colgadas con polvo de aquella [hi]erba que llaman *yietl*. Iban apedreándose el un escuadrón tras el otro, y después el otro volvía tras el otro. [De esta] manera escaramuzaban ciertas vueltas, con todas las cuales acabadas cesaba la escaramuza, y luego llevaban a la mujer que había de morir a la casa donde la guardaban.

Esta mujer llamaban Toci, que quiere decir, "nuestra abuela". Llaman así a la madre de los dioses, a cuya honra ella había de morir.

Esta escaramuza hacían por espacio de cuatro días continuos, los cuales pasados, sacaban aquella mujer a pasearse por el tiánquez. Iban con ella todas las médicas acompañándola por el tiánquez. A este paseo llamaban "acoceamiento[6] del tiánquez", porque nunca más había de volver a él. Saliendo

[4] Masa que se une y aprieta, regularmente en forma redonda.
[5] Planta herbácea de tallo largo a manera de junco.
[6] Dar coces.

del tiánquez, rec[i]bíanla luego los sátrapas de la diosa llamada Chicomecóatl, y rodeábanse [de ella]. Y ella sembraba harina de maíz por donde iba, como despidiéndose del tiánquez, y luego aquellos sátrapas llevábanla a la casa donde la guardaban, que era cerca del cu donde la habían de matar. Allí la consolaban las médicas y parteras, y l[e] decían: "Hija, no os entristezcáis, que esta noche ha de dormir con vos el rey. Alegraos". No l[e] daban a entender que la habían de matar, porque su muerte había de ser súpita, sin que ella lo supiese. Y luego la ataviaban con los ornamentos de aquella diosa que llaman Toci. Y llegada la media noche, llevábanla al cu donde había de morir, y nadie hablaba ni tosía cuando la llevaban: todos iban en gran silencio, aunque iba con ella todo el pueblo.

Y [luego que][7] había llegado al lugar donde la habían de matar, tomábanla uno sobre las espaldas, y cortábanl[e] de presto la cabeza, y luego caliente la desollaban, y desollada, uno de los sátrapas se vestía su pellejo, al cual llamaban *teccizcuacuilli*.[8] Escogían para esto el mayor de cuerpo y de mayores fuerzas.

Lo primero, l[e] desollaban el muslo, y el pellejo del muslo llevábanle al cu de su hijo que se llamaba Cintéutl, que estaba en otro cu, y vestiánsele. Después que se vestía aquel sátrapa con el pellejo de aquella mujer, iba a tomar a su hijo Cintéutl. Luego se levantaba al canto del cu, y luego ba[j]aba aba[j]o con pr[i]sa. Acompañábanle cuatro personas que habían hecho voto de hacerle aquel servicio. Tomábanle en medio desde la una parte y desde la otra, y algunos de los sátrapas iban detrás de éste que llevaba el pellejo vestido. Y otros principales y soldados que le estaban esperando se ponían delan-

[7] Como en otras partes del manuscrito, dice aquí *desque*.
[8] "El tonsurado de caracol."

110

te para que él fuese tras ellos persiguiéndolos, y [así] comenzaban a huir delante [de él] reciamente. Iban volviendo la cabeza y golpeando las rodelas, como provocándole a pelear, y tornaban luego a correr con gran furia.

Todos los que v[e]ían esto temían y temblaban de ver aquel juego. Y este juego se llamaba *zacacalli* porque todos aquellos que iban huyendo llevaban en las manos unas escobas de zacates ensangrentadas. Y el que llevab[a] el pellejo vestido, con los que iban acompañándole, perseguían a los que iban delante huyendo; y los que huían procuraban escaparse[9] de los que los perseguían, porque los temían mucho. Y llegando al pie del cu de Huitzilopuchtli, aquel que llevaba al pellejo vestido, alzaba los brazos y poníase en cruz delante de la imagen de Huitzilopuchtli. Y esto hacía cuatro veces.

Hecho esto, volvíase a donde estaba la estatua de Cintéutl, hijo de aquella diosa llamada Toci, a quien éste representaba. Este Cintéutl era un mancebo, el cual llevaba puesto por carátula el pellejo del muslo de la mujer que habían muerto. Y juntábase con su madre. Los atavíos que llevaba era la carátula del pellejo metida por la cabeza, y un capillo[10] de pluma metido en la cabeza, que estaba pegado a un [hábito] de pluma que tenía sus mancas y su cuerpo. La punta del capillo, que era larga, estaba hecha una rosca hacia atrás. Tenía un lomo como cresta de gallo en la rosca, y llamaban a este tal capillo *itztlacoliuhqui*, que quiere decir, "dios de la helada".

Iban junto con su madre, ambos a la par muy [despacio]. Iban al cu de la madre Toci, donde había muerto aquella mujer. Poníase en el cu aquel que representaba a la diosa Toci, el cual llevaba el pellejo de la otra. Todo lo dicho pasaba de noche, y amaneciendo poníase aquel que representaba a la

---

[9] En el texto original dice *procuraban de escaparse*.
[10] Gorro de lienzo.

diosa Toci en el canto del cu, en lo alto, y todos los principales que estaban aba[j]o esperaban aquella demostración. Comenzaban a subir con gran pr[is]a por las gradas del cu arriba, y llevaban sus ofrendas, y ofrecíanselas. Unos [de ellos] e[m]plumábanle con pluma de águila, aquellas blandas que están a raíz del cuerpo, la cabeza y también los pies. Otros l[e] afeitaban los rostros con color colorado. Otros le vestían un huipil no muy largo, que tenía delante [de] los pechos un águila labrada o te[j]ida en el m[i]smo huipil. Otros le ponían unas naoas pintadas. Otros descabezaban codornices delante [de ella]. Otros l[e] ofrecían copal. Esto se hacía muy depresto, y luego se iban todos. No quedaba nadie allí.

Luego l[e] sacaban sus vestiduras ricas y una corona muy pomposa que se llamaba *amacalli*,[11] que tenía cinco banderillas, y la de [en] medio más alta que las otras. Era esta corona muy ancha en lo alto y no redonda, sino cuadrada, y del medio [de ella] salían las banderillas. Las cuatro banderillas iban en cuatro esquinas, y la mayor iba en medio. Llamaban a esta corona *meyotli*.

Luego ponían en ren[g]le [a] todos los ca[u]tivos que habían de morir. Y ella tomaba uno, y echábale sobre el ta[j]ón de piedra [que] llamaban *téchcatl*, y abría los pechos, y sacaba el corazón. Y luego a otro, y luego a otro, hasta cuatro. Y acabando de matar estos cuatro, los demás encomendaba[n] a los sátrapas para que ello[s] los matasen. Y luego se iba con su hijo para el cu donde solía estar, el cual llamaban Cintéutl o Itztlacoliuhqui. Iban delante [de ellos] aquellos sus devotos que se llaman *icuexhuan*.[12] Iban algo delante, aderezados con sus papeles, ceñido un maxtle de papel torcido, y sobre las espaldas un papel fruncido y redondo como rodela. Llevaba

---

[11] "Casa de papel."
[12] "Sus huaxtecos."

a cuesta[s] un[o]s plumajes compuestos con algodón. En este plumaje llevaba colgadas unas hilachas de algodón no torcido, y las médicas y las que venden cal en el tiánquez iban acompañando de una parte y de otra a la diosa y a su hijo.

Iban cantando. Los sátrapas que se llamaban *cuacuacuilti* iban cantando y rigiendo el canto de las mujeres y tañendo *teponaztli* de una lengua que tiene aba[j]o un *tecómatl*. Llegando al lugar donde esp[et]aban las cabezas en el cu de su hijo Cintéutl, estaba allí un atabal, y aquel que llevaba el pellejo vestido y era imagen de la diosa Toci ponía un pie sobre el atabal, como coceándole.

Estaban allí esperando al hijo [de esta] diosa, Cintéutl, que era un mancebo recio y fuerte, muchos soldados viejos, y tomábanle [de] en medio, [e] iban todos corriendo, porque habían de llevar el pellejo del muslo de la que murió, el cual aquel que llamaban su hijo traí[a] metido en la cabeza y sobre la cara como carátula, a un cerro que se le llamaba Popotl Temi, que era la raya de sus enemigos. Iban en compañía [de éstos] muchos soldados y hombres de guerra, con gran pr[is]a corriendo. Llegando al lugar donde había de de[j]ar el pellejo, que se llamaba *mexayácatl*,[13] muchas veces acontecía que salían sus enemigos contra ellos, y allí peleaban los unos con los otros y se mataban. El pellejo poníanlo colgado en una garita que estaba hecha en la misma raya de la pelea, y [de allí] se volvían, y los enemigos también se iban para su tierra.

Acabados todos estos juegos y cer[e]monias a aquel que era imagen de la diosa Toci, llevábanle a la casa que se llamaba Atenpan.

El señor poníase en su trono en las casas reales. Tenía por estrado un cuero de águila con sus plumas, y por espaldar de la silla un cuero de tigre. Estaba ordenada toda la gente de gue-

[13] "Máscara de muslo."

rra, delante los capitanes y valientes hombres, en medio los soldados viejos, y al cabo, los bisoños. [E] iban todos delante del señor así ordenados, y pasaban como haciendo alarde por delante [de él], haciéndole gran reverencia o [a]catamiento; y él tenía cerca de sí muchas rodelas y espadas y plumajes, que son aderezos de la guerra, y mantas y maxtles, y como iban pasando a cada uno le mandaba dar de aquellas armas y plumajes, a los más principales y señalados lo mejor y más rico; y [así mismo], de las mantas y maxtles, y cada uno tomando lo que le habían dado íbase aparte y aderezábase con ello. A los de [en] medio daban lo menos rico, y a los de [a]trás daban lo que quedaba. Y como todos se hubiesen aderezado con las armas que habían tomado, ordenábanse otra vez y pasaban por delante del señor, armados y aderezados, y hacíanle gran acatamiento cada uno como iba pasando.

Acabado esto, ya estaban haciendo areito en el patio de la diosa Toci, y luego todos los que habían tomado las armas íbanse al areito. Éstos a quien se daban estas armas tenían entendido que habían de morir con ellas en la guerra.

En este baile o areito no cantaban ni hacían meneos de baile, sino iban andando y levantando y ba[j]ando los brazos al compás del [t]ambor, y llevaban en cada mano flores. Todos los que bailaban parecían unas flores, y todos los que miraban se maravillaban de sus atavíos. Andaban alrededor del cu de aquella diosa Toci. Las mujeres que estaban a la mira [de este] areito lloraban y decían: "Estos nuestros hijos que van a[h]ora tan ataviados, si de aquí a poco pregonan[14] la guerra, ya quedan obligados a ir a ella. ¿Pensáis que volverán más? Quizá nunca más los veremos". [De esta] manera se acuitaban las unas y las otras, y se angustiaban por los hijos.

Aquel hombre que era imagen de la diosa Toci y sus devo-

[14] En el original dice *apregonan*. Pregonar significa "decir", "publicar".

tos y las médicas iban bailando aparte, detrás de los que hacían el areito, y cantaban en tiple muy alto en este areito, comenzando al mediodía. Otro día hacían el mismo areito y salían todos a él, porque el día antes muchos no habían salido. Por el alarde que se hacía este día, salían todos los principales y los piles, y aderezábanse muy ricamente, y el señor iba[15] delante con ricos atavíos ataviado. Era tanto el oro que resplandecía con el sol en gran manera en todo el patio.

Y a la tarde, acabando el areito, salían los sátrapas de la diosa Chicomecóatl vestidos con los pellejos de los ca[u]tivos que habían muerto el día antes. A éstos llamaban *tototecti*. Éstos se subían encima [de] un cu pequeño que se llamaba "la mesa de Huitzilopuchtli". Desde allí arr[oj]aban o sembraban maíz de todas maneras: blanco y amarillo, y colorado y prieto, sobre la gente que estaba aba[j]o. Y también pepitas de calabaza. Y todos cogían aquel maíz y pepitas, y sobre ello se apuñeaban las doncellas que servían a la diosa Chicomecóatl, a las cuales llamaban *cihuatlamacazque*.[16] Todas llevaban a cuestas siete[17] mazorcas de maíz, rayadas con *ulli* derretido y envueltas con papel blanco en una manta rica. Iban aderezadas con sus plumas en las piernas y en los brazos, pegadas a manera de bi[z]ma y afeitadas con marca[j]ita. Iban cantando juntamente con los sátrapas de la diosa Chicomecóatl, los cuales regían el canto.

Hecho esto, luego los sátrapas iban a recogerse a sus sacristías. Luego descendía un sátrapa de lo alto del cu de Huitzilopuchtli, y traía en las manos un gran altabaque de madero lleno de greda blanca y molida, como harina, y de pluma blanda como algodón. Poníalo aba[j]o en un lugar que se llamaba Coaxalpan, que era un espacio que había entre las gra-

---

[15] En el texto original aparece repetido *iba*.

[16] Sacerdotisas.

[17] En el original dice *Todas las llevaban a cuestas cada siete mazorcas...*

das del cu y el patio aba[j]o, al cual espacio subía por cinco o seis gradas. [Y] poniendo su altabaque allí, estaban muchos soldados esperando, y arrancaban a huir, cual por cual llegaría primero a tomar lo que venía en el altabaque, y aquí parecían los que eran mejores corredores y más ligeros. Arremetían con el a[l]tabaque y tomaban a puñados lo que en [él] estaba, greda y pluma. [Y] tomándo[lo], volvían corriendo hacia donde habían partido, y aquel que tenía vestido el pellejo de la mujer muerta, que era imagen de la diosa Toci, estaba presente cuando tomaban aquel la pluma y greda. Acabando de tomar,[18] arrancaba a correr tras ellos, como persiguiéndolos, y todos daban grita. Y cuando hacía esta corrida el sobredicho, como iba entre la gente huyendo, todos le esc[u]pían y le arro[j]aban[19] lo que tenían en las manos. Y el señor también daba una arremetida, corriendo poco trecho. [Así] se entraba en su casa, corriendo, y todos los demás hacían lo mismo. Y así de[j]aban todos aquel que era imagen de la diosa Toci, excepto algunos que le seguían con algunos sátrapas hasta llevarle al lugar donde había de desnudarse el pellejo, el cual lugar se llamaba Tocititlan. Allí le colgaba en una garita[20] que allí estaba. Tendíale muy bien para que estuviese[n] ten[d]idos los brazos y la cabeza hacia la calle o camino. Hecho esto se acababa la fiesta y cer[e]monias de *Ochpaniztli*.

Éste es el fin de la relación [de esta] fiesta.

[18] En el original dice *en acabando de tomar.*
[19] En el original dice *arronjaban.*
[20] Casilla de madera.

CAPÍTULO XXXI

De la fiesta y sacrificios que hacían en las calendas del doceno mes, que se llamaba Teutleco[1]

AL DOCENO mes llamaban *Teutleco*, quiere decir, "llegada" o "venida de los dioses". A quince días andados [de este] mes enramaban unos altares que ellos llamaban *momoztli* con cañas atadas de tres en tres. Tenían cargo de hacer esto los mozos y muchachos que se criaban en las casas que llamaban *telpuchcalli*. Estos altares enramaban solamente en las casas de las diosas. También enramaban los altares donde estaban las estatuas de los ídolos particulares, en las casas del pueblo, y dábanles por esto en cada casa un *chiquíhuitl* de maíz o cuatro mazorcas; y los más pobres dábanl[e]s dos o tres mazorcas. Llamaban a esto *cacálotl*, como quien dice "aguinaldo para que comiesen tostado". Y no lo comían todos, sino aquellos que eran ya conocidos por diligentes y traba[j]adores.

A los tres días que andaban enramando, llegaba el dios que llamaban Telpuchtli y Tlamatzíncatl. Éste llegaba primero porque, como mancebo, andaba más y era más recio y ligero. Y así ofrecíanle al tercero día, y las ofrendas que le daban era semilla de bledos tostada y molida, y la revolvían con agua, y otr[a] revolvían con miel, y hacían cuatro pellas [de esta] masa y poníanlas en un plato. Ésta era la ofrenda de cada uno de los que habían de ofrecer, y luego las llegaban a ofrecer a aquel dios en su cu, y se las ponían delante.

[1] "Bajan los dioses."

A la noche, luego comenzaban a beber pul[qu]e los viejos y las viejas. Decían que lavaban los pies al dios Telpuchtli, que había llegado de camino. En el cuarto día quitaban los ramos que habían puesto de los altares, y el quinto día era la fiesta de *Teutleco:* es la llegada de los dioses, que era el último día [de este] mes.

A la media noche [de este] día molían un poco de harina de maíz y hacían un montoncillo [de ella], bien tupida. Hacían este montoncillo de harina redondo como un queso, sobre un petate. En este montoncillo de harina v[e]ían cuando [habían] llegado todos los dioses, porque aparecía una pisada de un pie pequeño sobre la harina. Entonce[s] entendían que eran llegados los dioses.

Un sátrapa llamado *teohua* estaba esperando toda la noche cuándo [a]parecería esta señal de la llegada de los dioses. Iba y venía cada hora, muchas veces, a mirar el montoncillo de la harina, y viendo[2] la pisada sobre la harina, luego aquel sátrapa decía: "Venido ha su majestad".

[Y] oyendo los demás sátrapas y ministros de los ídolos esta voz, luego se levantaban y tocaban sus caracoles y cornetas en todos los cúes, en todos los barrios y en todos los pueblos. En esto entendía toda la gente que los dioses eran llegados. Luego todos comenzaban a ir a los cúes con sus ofrendas para ofrecer a los dioses recién llegados, y lo que ofrecían era aquellos tamales de semillas que habían hecho el día antes. Acabando[3] de ofrecer, luego se iban a sus casas. No quedaba allí nadie. Y a la noche bebían pul[qu]e los viejos y viejas. Decían que lavaban los pies a los dioses.

El día siguiente llegaba el dios de los mercaderes, llamado Yacapitzáhuac o Yiacatecuhtli, y otro dios llamado Ixco-

---

[2] En el texto original dice *en viendo*.

[3] En el texto original dice *en acabando*.

zauhqui o Xiuhtecuhtli, que es el dios del fuego, a quien los mercaderes tienen mucha devoción. Estos dos llegaban a la postre, un día después de los otros, porque decían que eran viejos y no andaban tanto como los otros.

Acabado esto, luego quemaban vivos a muchos esclavos, echándolos vivos en el fuego en un altar grande que se llamaba *teccalco*,[4] que tenía gradas por cuatro partes. Encima del altar andaba bailando un mancebo aderezado con una cabellera de cabellos largos, con un plumaje de plumas ricas [en] la corona. La cara teníala teñida de negro, con unas rayas de blanco, una que salía desde la punta de la ceja hacia lo alto de la frente, y otra que descendía desde el lagrimal del ojo hacia la m[ej]illa, haciendo medio círculo. Traía a cuestas un plumaje que se llamaba *huacalli;* traía un conejo seco en él. Cuando echaban un ca[u]tivo en el fuego, silbaba metiendo el dedo en la boca, como lo acostumbran.

También otro mancebo se aderezaba como murciélago, con sus alas y con todo lo demás para parecer murciélago. Traía unas sonajas, en cada mano la suya, que son hechas como cabezas de dormideras grandes. Con éstas hacían son.

Habiendo echado en el fuego [a] los ca[u]tivos, luego los sátrapas se ponían en procesión, compuestos con unas estolas de papel desde el hombro izquierdo al sobaco derecho, y desde el hombro derecho al sobaco izquierdo, y subían trabados de las manos a la hoguera, y daban una vuelta alrededor [de ella], muy d[e]spacio, y descendían corriendo aba[j]o. Desasíanse de las manos los unos de los otros casi por fuerza. Algunos [de ellos] caían, unos de bruces y otros de lado. Este juego se llamaba *mamatlahuitzoa.*[5]

Otro día juntábanse por los barrios y por las calles, y hacían

[4] "Lugar de la casa de gobierno."
[5] "Rechazo de las manos."

danzas trabados de las manos. Pintábanse los brazos y el cuerpo con plumas de diversos colores pegándolas[6] a la carne con resina. Esto hacían chicos y grandes, y aun a los que estaban en la cuna pintaban con estas plumas. Solamente a los machos.

Esta manera de danza comenzaban [desde el] mediodía, y cantaban por ahí algunos cantares como querían, y danzaban [de esta] manera hasta la noche, y los que querían también de noche. Estos dos días postreros eran del mes que se sigue.

Ésta es la relación de la fiesta llamada *Teutleco*.

---

[6] En el original dice *apegándolas*.

CAPÍTULO XXXII

De la fiesta y sacrificios que se hacían
en las calendas del treceno mes,
que se decía Tepeílhuitl[1]

AL TRECENO mes llamaban *Tepeílhuitl*. En la fiesta que se hacía en este mes cubrían de masa de bledos unos palos que
tenían hechos como culebras, y hacían unas imág[e]nes de
montes, fundadas sobre unos palos hechos a manera de niños,
que llaman *ecatotonti*.[2] Era masa de bledos la imagen del
monte. Poníanle delante, junto, unas masas rollizas y largui-
llas de masa de bledos, a manera de huesos, y éstos llamaban *iomio*.[3] Hacían estas imág[e]nes a honra de los montes
altos donde se junta[n] las nubes, y en memoria de los que
habían muerto en agua o heridos de rayo, y de los que no se
quemaban sus cuerpos, sino que los enterraban. Estos montes hacíanlos sobre unos rodeos o roscas hechos de heno, atados con sogas de zacate, y guardábanlos de un año para otro.
[En] la vigilia [de esta] fiesta llevaban a lavar estas roscas al
río o a la fuente, y cuando los llevaban íbanlos tañendo con
unos pitos hechos de barro cocido o con unos caracoles mariscos. Lavábanlos en unas casas [u] oratorios que estaban
hechos a la orilla del agua, que se llaman *ayauhcalli*. Lavábanlos con unas hojas de cañas verdes. Algunos en el agua
que pasaba junto a su casa los lavaban.

---

[1] "La fiesa de los montes."
[2] "Vientecillos."
[3] "Su esqueleto."

Acabándolos[4] de lavar, volvíanlos a su casa con la misma música. Luego hacían sobre ellos las imágenes de los montes, como está dicho. Algunos hacían estas imág[e]nes de noche, antes de amanecer, cerca del día. La cabeza de cada monte tenía dos caras: una de persona y otra de culebra. Y untaban la cara de persona con *ulli* derretido, y hacían unas tortillas pequeñuelas de masa de bledos amarillos, y poníanl[e]s en las m[ej]illas de la cara de persona, de una parte y otra. Cubríanlos con unos papeles que llamaban *tetéhuitl*. Poníanl[e]s unas corozas[5] en las cabezas, con sus penachos.

También a l[as] imág[e]nes de los muertos l[a]s ponían sobre aquella rosca de zacate. Y luego, amaneciendo,[6] ponían estas imág[e]nes en sus oratorios, sobre unos lechos de espadañas o de juncias o juncos. Habiéndolos puesto allí, luego l[e]s ofrecían comida, tamales y mazamorra, o cazuela hecha de gallina o de carne de perro. Y luego l[a]s incensaban, echando [i]ncienso en una mano de barro cocido, como cuchara grande llena de brasas. Y a esta cer[e]monia llamaban *cal[i]onóhuac*.[7] Y los ricos cantaban y bebían pul[qu]e a honra [de estos] dioses y de sus difuntos. Los pobres no hacían más de ofrecerl[e]s comida, como se di[j]o.

En esta fiesta mataban algunas mujeres a honra de los montes o de los dioses de los montes. A la una de ellas llamaban Tepóxoch; y a la segunda Matlalcuae; y a la tercera Xochtécatl; y a la cuarta Mayáhuel, que era imagen de los magueyes. El quinto era hombre, y llamábanle Milnáhuatl. Este hombre era imagen de las culebras. Iban aderezados con coronas de papel, y todos los papeles con que iban adereza-

---

[4] En el original dice *en acabándolos.*

[5] Capirotes de papel de figura cónica.

[6] En el original dice *en amaneciendo.*

[7] "Se permaneció en casa."

dos iban muy manchados con *ulli* derretido. El mismo atavío llevaba el hombre que llamaban Milnáhuatl, que era imagen de las culebras. A estas mujeres y a este hombre llevábanlos en literas. Llamábase "paseo de las literas". Traíanlos como en procesión. Llevábanlos en los hombros. Hombres y mujeres iban cantando con ellos. Los que llevaban las literas o andas iban muy bien aderezados, las mujeres con sus naoas y huipiles labrados y afeitadas las caras.

Venida la hora del sacrificio, ponían en las literas a las mujeres y al hombre que había de morir, y subíanlos a lo alto del cu. Y [cuando] estaban arriba, sacábanlos de las literas, y uno a uno echábanlos sobre el ta[j]ón de piedra y abríanl[e]s los pechos con el pedernal. Sacábanl[e]s el corazón y ofrecíanl[o]s al dios Tláloc.

Luego descendían los cuerpos, trayéndolos rodando por las gradas aba[j]o, poco a poco, teniéndolos con las manos. Y llegando aba[j]o, llevábanlos al lugar donde espetaban las cabezas. Allí l[e]s cortaban las cabezas y las esp[e]taban por las sienes en unos varales que estaban echados como en lacera. Los cuerpos llevábanlos a los barrios de donde habían salido, y otro día, que se llamaba *texinilo*,[8] hacíanlos pedazos y comíanlos.

También entonce[s] despedazaban las imág[e]nes de los montes en todas las casas que los habían hecho, y los pedazos subíanlos a los [ta]pancos para que se secasen al sol, [e] íbanlos comiendo cada día, poco a poco. Y con los papeles con que estaban aderezadas aquellas imág[e]nes de los montes cubrían aquellos rodeos de zacate sobre que les habían puesto, y colgábanlos de las vigas, cada uno en su oratorio que tenía en su casa. Un año entero estaba colgado allí, hasta que llegase otra vez la fiesta. Entonce[s] tomaban los pa-

[8] "Se derrumba la gente."

peles juntamente con el rodeo, y llevábanlos a los oratorios que se llaman *ayauhcalli*, y el papel de[j]ábanlo allí, y el rodeo volvíanle a su casa para hacer ofrenda a las imág[e]nes.

Aquí se acaba la relación del mes y fiesta que se llama *Tepeílhuitl*.

CAPÍTULO XXXIII

De la fiesta y sacrificios que se hacían
en las calendas del catorceno mes,
que se llamaba Quecholli[1]

AL MES catorceno llamaban *Quecholli*. Salido el mes pasado
cinco días no se hacía cer[e]monia ninguna ni fiesta en los
cúes. Todo estaba en calma [en] lo que toca al servicio de
los dioses. Al sexto día juntábanse los que tenían cargo de los
barrios. Mandaban que se buscasen cañas para hacer saetas,
y cada uno de los soldados traía una carga de cañas. Y todos
juntos, d[e] Tlatelulco y de México, ofrecían todas aquellas
cañas a Huitzilopuchtli, poniéndolas en el patio, delante del
cu [de este] dios. Luego allí las repartían a la otra gente, y cada
uno llevaba a su casa las que le cabía[n].

Otro día venían al patio de Huitzilopuchtli todos los que
habían llevado cañas para ende[re]zar las cañas al fuego. Este
día no se hacía más [que] enderezar las cañas, y volvíanlas a
sus casas.

Otro día siguiente volvían con ellas al patio de Huitzilopuchtli, y venía toda la gente, chicos y grandes. No quedaba
nadie. Y a todos los muchachos subíanlos al cu de Huitzilopuchtli. Allí los hacían tañer con los caracoles y cornetas, y
l[e]s hacían cortar las orejas, y sacaban sangre y untábanl[a]
por las sienes y por los rostros. Llamábase este sacrificio *mo-
mazaizo*,[2] porque le hacían en memoria de los ciervos que
habían de ir a cazar.

[1] "Cuello de hule."
[2] "Se sangran como venados."

[Luego que] se juntaban todos juntos en el patio de Huitzilopuchtli, los tenuchcas y los tlatilulcas, en una parte se ponían los tenochcas y en otra los tlatilulcas. Comenzaban a hacer saetas. A este día llamaban *tlacati in tlacochtli*.[3] En este día todos hacían penitencia. Todos [se] sacaban sangre de las orejas, cortándose, y si alguno no se sangraba de las orejas tomábanle la manta los que tenían cuidado de recoger la gente, que llamaban *tepan mani*.[4] Nunca más se la daban. Y los días que entendían en hacer estas saetas nadie dormía con mujer y nadie bebía pul[qu]e.

Todas las saetas eran hechas a una medida, y los ca[s]quillos, que eran unas puntas tan largas como un [j]eme,[5] hechas de roble, eran también todas iguales. Todos cortaban las cañas a una medida. Cortadas, dábanlas a los que l[e]s ponían las puntas, y aquéllos atábanlas muy bien con *ichtli,* con hilos de [he]nequén muy bien torcidos, porque no se h[e]ndiesen[6] al meter de las puntas. Metían engrudo en el agujero de la caña, y luego la punta sobre el engrudo. [Y] poniéndol[e] la punta como había de estar, untaban con resina la atadura de la caña, y también al cabo donde había de herir la cuerda del arco.

Acabando[7] de aparejar las saetas, hacíanlas luego hacecillos de veinte en veinte, y luego se ordenaban como en procesión. Llevaban hacecillos todos a ponerlos, y presentábanlas delante de Huitzilopuchtli. Allí las ponían todas juntas. Acabándolas de poner íbanse a sus casas.

Al cuarto día llamaban *calpan nemitilo*, que quiere decir, "el día que se hacen saetas particulares para jugar con ellas",

[3] "Nacen las flechas."

[4] "Los que gobiernan a la gente."

[5] Medida lineal. Distancia que existe desde la extremidad del dedo pulgar a la del dedo índice.

[6] Abriesen, rajasen.

[7] En el original dice *en acabando*.

para e[j]ercitarse[8] en èl tirar, y ponían por blanco una hoja de maguey, y tirábanla. Aquí parecían quiénes eran los más certeros en tirar.

Al quinto día hacían unas saeticas pequeñas a honra de los difuntos. Eran largas como un [j]eme o palmo, y poníanl[e]s resina en las puntas, y en el cabo el ca[s]quillo era de un palo. De por ahí ataban cuatro saeticas y cuatro teas con hilo de algodón flo[j]o, y poníanlas sobre las sepulturas de los difuntos. También ponían juntamente un par de tamales dulces. Todo el día estaba esto [en] las sepulturas, y a la puesta del Sol encendían las teas, y allí se quemaban las teas y las saetas. El carbón y ceniza que [de ellas] se hacía enterrábanlo sobre la sepultura del muerto.

A honra de los que habían muerto en la guerra tomaban una caña de maíz que tenía nueve nudos, y ponían en la punta [de ella] un papel como bandera, y otro largo que colgaba hasta aba[j]o. Al pie de la caña ponían la rodela de aquel muerto, arrimada con una saeta. También ataban a la caña la manta y el maxtle. En la bandera señalaban con hilo colorado un aspa de ambas partes, y también labraban el papel largo con hilo colorado y blanco, torcido desde arriba hasta aba[j]o, y del hilo blanco colgaban el pa[j]arito que se llama *huitzitzilin*, muerto.

Hacían también unos manojitos de plumas blancas del ave que llaman *áztatl*, atadas de dos en dos, y todos los hilos se juntaban y los ataban a la caña. Estaban aforrados[9] los hilos con pluma blanca de gallina, pegado con resina. Todo esto lo llevaban a quemar a un pilón de piedra que se llamaba *cuauhxicalco*.

Al sexto día llamaban *zacapanquixoa*,[10] y llamábanle [de

---

[8] En el original dice *para enexercitarse*.

[9] Aforrar: cubrir a vueltas con un cabo delgado parte de otro más grueso.

[10] "Se sacan sobre el zacate."

esta] manera porque en el patio del cu del dios que llaman Mixcóatl tendían mucho heno, que lo traían de las montañas, y sobre el heno se sentaban las mujeres ancianas que servían en el cu, que se llamaban *cihuatlamacazque.* Delante [de ellas] tendían un petate. Luego venían todas las mujeres que tenían hijos o hijas, y traíanlos consigo. Éstas traían cada [una] cinco tamales dulces, y echábanlos sobre el petate delante de las viejas. Y luego cada una daba a su hijo a alguna de aquellas viejas, y la vieja que le tomaba brincábale en los brazos. Y hecho esto, dábanlos a sus madres. Íbanse a sus casas. Esto comenzaba a la mañana y acababa a la hora de comer. Los tamales tomaban las viejas para su comer.

Al onceno día [de este] mes iban a hacer una caza a aquella sierra que está encima de Atlacuihuayan, y ésta era fiesta por sí, de manera que en este mes había dos fiestas: la que está dicho y l[a] que comienza.

Esta montaña o ladera donde iban a cazar llamaban Zacatépec, y llamábanle también Ixillantonan. El día que llegaban a esta ladera descansaban allí aquella noche en sus cabañas de heno. Hacían hogueras para dormir aquella noche.

A diez días del mes arriba dicho hacían fiesta al dios de los otomíes, llamado Mixcóatl, en el modo que se sigue. Otro día de mañana almorzaban todos. Habiendo almorzado, aderezábanse todos para la caza. C[e]ñían sus mantas a los lomos y poníanse todos en ala.

No solamente los mexicanos iban a esta caza, pero también los de Cuauhtitlan y de Cuauhnáhuac y de Coyohuacan y otros pueblos comarcanos. Todos llevaban arcos y saetas, [e] íbanse juntando poco a poco, acorralando la caza, que eran ciervos y conejos, y liebres y coyotes. Cuando ya estaba junta la caza, arremetían todos y tomaba cada uno lo que podía. Pocos animales de aquellos se escapaban, o casi ninguno.

Habiendo tomado los animales, íbase cada uno para su

pueblo. Y los que tomaron alguna caza, matábanla y llevábanla la cabeza consigo. Y los que cazaban algunos animales, dábanl[e]s mantas por ligeros y osados. También l[e]s daban comida. [Y] acabando la caza, luego se iban a sus casas.

Todas las cabezas de los animales que habían tomado, l[a]s cuales llevaban, colgábanlas en sus casas.

En el sexto día, que se llamaba *zacapanquixoa*,[11] dábanl[e]s aderezos de papel a los esclavos que habían de matar a honra del dios Tlamatzíncatl, y a honra del otro dios que se llamaba Izquitécatl. Estos esclavos compraban los que hacen pul[qu]e, y los que hacían pul[qu]e para Motecuzoma. Éstos m[o]rían a honra de aquellos dioses ya dichos. Otros dos esclavos que mataban a honra del dios Mixcóatl y de su mujer, que llamaba Coatlicue, comprábanlos los calpixques. Allende [de estos] hombres que mataban a honra de Tlamatzíncatl, mataban muchas mujeres, a las cuales llamaban *cóatl incue*, y eran sus mujeres de Tlamatzíncatl [e] Izquitécatl. También a estas mujeres las componían con sus papeles.

Llegada la fiesta que era el último día [de este] mes, daban una vuelta a todos los que habían de morir, trayéndolos en procesión por alrededor del cu. Pasad[o] el mediodía, llevábanlos al cu donde los habían de matar, y traíanlos en procesión alrededor del ta[j]ón donde los habían de matar y tornábanlos a descend[e]r aba[j]o, y llevábanlos a la casa del *calpulco*. Allí los hacían velar toda la noche.

Y a la media noche, delante del fuego, cortábanl[e]s los cabellos de la coronilla. Luego los esclavos quemaban sus hatos,[12] que era una banderilla de papel y su manta y su maxtle, y algunos quemaban las sobras de las cañas de humo y sus vasos que tenían para beber. Todo lo quemaban allí en el

[11] "Se sacan sobre el zacate."
[12] Ropas, vestidos.

calpulco. Y las mujeres también quemaban todos sus hatos y sus alhajas: su petaquilla y sus hus[o]s y la greda con que hilaban, y los vasitos sobre que corre el huso, y el ordidero y las cañas, y el tupidero[13] con que te[j]ía[n], y los lizos[14] y el ataharre,[15] y los cordeles con que atan la tela para que esté alta, y la caña para tupir, y las espinas o puntas de maguey, y la medida para te[j]er. Con todas las otras barati[j]as, todo lo quemaban las mismas cuyo eran. Decían que todas estas alhajas que quemaban se las habían de dar en el otro mundo, donde iban después de la muerte.

Esto se hacía la vigilia de la fiesta. El día, amaneciendo,[16] componíanlos luego con sus papeles con que habían de morir, y luego los llevaban al lugar de la muerte. Subíanlos por las gradas del cu, a cada uno dos mancebos, uno de un brazo, otro de otro, porque no desmayasen ni cayesen. Y [a los] otros dos los ba[j]aban después de muertos por las gradas aba[j]o. A cada uno [de ellos] llevaban una bandera[17] de papel delante. Cada uno [de estos] esclavos iba con esta compañía. Cuando subían por las gradas del cu llevaban delante de todos cuatro ca[u]tivos atados de pies y manos, los cuales habían atado en el recibimiento del cu que se llama *apétlac*, que es de donde comienzan las gradas. A cada uno llevaban cuatro, dos por los pies y dos por los brazos. Llevábanlos boca arriba. Llegados arriba echábanlos sobre el ta[j]ón, y abríanl[e]s los pechos y sacábanl[e]s los corazones. Subíanlos a

[13] En el glosario de López Austin y García Quintana aparece incluido este término y su definición: "cuchilla de madera con la que se tupe la tela en el telar".

[14] Los hilos con que los tejedores dividen la tela para que pueda pasar la lanzadera.

[15] Banda de cuero u otro material con que se sujeta a un objeto por sus puntas.

[16] En el original dice *el día en amaneciendo.*

[17] En el original dice *la llevaban uno una bandera.*

éstos [de esta] manera en significación que eran como ciervos que iban atados a la muerte. Los demás esclavos iban por su pie.

Habiendo muerto a todos éstos, a la postre mataban a la imagen del dios Mixcóatl, porque todos los mataban en su cu. Y a los que eran del dios Tlamatzíncatl también los mataban en su cu. Subíanse de su cu. Iban al ta[j]ón donde los mataban en el cu de Tlamatzíncatl. Las mujeres matábanlas en otro cu que llamaban Coatlan, ante[s] que a los hombres; y las mujeres cuando subían las gradas unas cantaban y otras gritaban y otras lloraban. Iban llevándolas por los brazos algunos hombres porque no desmayasen, y después que las habían muerto no las arrojaban por las gradas aba[j]o, sino descendíanlas rodando poco a poco.

Estaban aba[j]o, cerca del lugar donde espetaban las cabezas, dos mujeres viejas que llamaban *teixamique*.[18] Tenían cabe sí unas [j]ícaras con tamales y una salsa de *mullí* en una escudilla, y descendiendo a los que habían muerto, llevábanlos a donde estaban aquellas viejas, y ellas metían en la boca a cada uno de los muertos cuatro bocadillos de pan, mojados en la salsa, y rociábanl[e]s las caras con unas hojas de caña mojadas en agua clara. Y luego l[e]s cortaban las cabezas los que tenían cargo [de esto], y las espetaban en unos varales que estaban pasados por unos maderos como en lancera. Hecho todo esto se acababa la fiesta, y se iban todos a sus casas.

Ésta es la relación de lo que pasaba en esta fiesta.

[18] "Las que lavan los rostros."

CAPÍTULO XXXIV
De la fiesta y sacrificios que se hacían
en las calendas del quinceno mes,
que se decía Panquetzaliztli[1]

AL QUINTO décimo mes llamaban *Panquetzaliztli.* Ante[s] de llegar a este mes, por reverencia de la fiesta que en él se hacía, los sátrapas y ministros de los ídolos hacían penitencia ochenta días. Iban a poner ramas en todos los oratorios y humilladeros de los montes. Comenzaban esta penitencia un día después del mes que se llama *Ochpaniztli.* A la media noche iban a enramar los altares y oratorios y humilladeros de los montes, aunque estuviesen le[j]os. Iban a hacer esta devoción de noche y desnudos, todos los días y todas las noches, hasta llegar a este mes de *Panquetzaliztli.* Por ramos llevaban cañas verdes y espinas de maguey. Iban tañendo con su caracol o corneta y con su pito. Un rato tañían con la corneta y otro rato con el pito, y así iban remudando la música.

Acabado el mes de *Quecholli,* que es este pasado, luego comenzaban a bailar y a cantar, y cantaban un cantar que se llama *tlaxotecáyotl,*[2] que es cantar a loor de Huitzilopuchtli. Comenzaban este cantar al principio de la noche, y acababan a la media noche, cuando tañían a maitines. En este cantar cantaban y bailaban también las mujeres, mezcladas con los hombres.

Nueve días antes que matasen [a] los que habían de morir,

[1] "Levantamiento de banderas."
[2] "A la manera de los de Tlacxotlan."

bañaban [a] los que habían de morir con agua de una fuente que llaman Huitzilatl, que está cabe el pueblo de Huitzilopuchco. Por esta agua iban los viejos de los barrios. Traíanla en cántaros nuevos y atapados[3] con hojas de cedro, que llaman *ahuéhuetl*. Llegando[4] adonde estaban los esclavos, que estaban delante del cu de Huitzilopuchtli, a cada uno echaban un cántaro de agua sobre la cabeza, sobre todos los vestidos que tenían, [así] hombres como mujeres.

Esto hecho, quitábanl[e]s las vestiduras mojadas y aderezábanlos con [los] papeles con que habían de morir, y teñíanl[e]s todos los brazos y todas las piernas con azul claro, y después se las raya[ban] con te[j]as, y pintábanl[e]s las caras con unas bandas de amarillo y azul, atravesadas por toda la cara, una de amarillo y luego otra de azul, luego otra de amarillo y otra de azul, y poníanl[e]s en las narices una saetilla atravesada y un medio círculo que colgaba hasta aba[j]o. Poníanl[e]s unas corozas o coronas hechas de cañitas atadas, y de lo alto salían un manojo de plumas blancas. Y a las mujeres poníanl[e]s plumas amarillas sobre las corozas.

Aderezados [de esta] manera delante del cu de Huitzilopuchtli, llevábanlos por delante de las casas que llamaban *calpulli*, y cada uno le llevaba su dueño a su casa. Llegando[5] a casa, descomponíanlos de los papeles con que estaban compuestos y poníanlos en l[a]s petacas. Desde allí comenzaban a bailar y a cantar, un hombre y una mujer pareados. Llegaban al quinto día antes del día que los matasen; comenzaban a ayunar los dueños de los esclavos todos aquellos cinco días, y también ayunaban los viejos de los barrios. Comían al mediodía por el ayuno, y bañábanse a la media noche por la penitencia en los oratorios que se llaman *ayauhcalco*, los cuales

[3] Atapar: forma desusada de lo que hoy decimos "tapar".
[4] En el original dice *en llegando*.
[5] En el original dice *en llegando*.

estaban a la orilla del río. Las mujeres señoras de aquellos esclavos bañábanse en el agua que pasaba cabe sus casas. Los que se bañaban llevaban cuatro puntas de maguey cada uno, y antes que se bañasen cortábanse las orejas, y con la sangre que salía ensangrentaban las puntas de maguey. La una echaban en el agua; la otra hincaban a la orilla del agua; otras dos ofrecían al ídolo que estaba en aquel oratorio de *ayauhcalco*. Las mujeres que se bañaban cabe sus casas ensangrentaban una punta de maguey [e] hincábanla a la orilla del agua.

Acabados los cuatro días de la penitencia, juntábanse con los esclavos y esclavas los dueños [de ellos], hombres y mujeres, y también los que habían de subir al cu y los que habían de descend[e]r después de muertos, y las que l[e]s habían de lavar las caras, y también los que habían de llevar las banderillas delante [de ellos]. Todos juntos se trababan por las manos, hombres y mujeres, [e] iban danzando y cantando y culebreando para asirse.

Hacían unas roscas como guirnaldas de cuerdas o de espadañas, y no se asían de las manos, sino de las guirnaldas o roscas. Y los esclavos que habían de morir, iban danzando mezclados entre los otros que danzaban. Iban con gran pr[i]sa saltando y corriendo y danzando, galopeando y acezando,[6] y los viejos de los barrios íbanlos haciendo el son y cantando. Iba mirando esta danza mucha gente.

Los que habían hecho penitencia ni habían dormido con sus mujeres aquellos días de la penitencia, ni rec[i]bido otros regalos ningunos por reverencia del ayuno, ni las mujeres habían dormido con sus maridos; acababan estas danzas a la media noche. Entonce[s] luego se iban todos a sus casas, y luego amaneciendo[7] comenzaban la fiesta porque era el pos-

[6] Con ansiedad.

[7] En el original dice *en amaneciendo*.

trero día del mes. Entonce[s] iban los esclavos que habían de morir a las casas de sus amos a despedirse, y llevábanl[e]s delante una escudilla de tinta o de almagre o de color azul. Iban así cantando con muy altavoz, que parecía que r[o]mpían el pecho. Y llegando[8] a la casa de sus amos, metían las manos ambas en la escudilla de color o de tinta, y poníanlas en los umbrales de las puertas y en los postes de la casa de sus amos, y de[j]ábanlas allí impresas con l[o]s colores. Lo mismo hacían en casa de sus parientes, y poníanl[e]s comida en casa de sus amos y en casa de sus parientes, y algunos que tenían buen corazón comían, y otros no podían comer con la memoria de la muerte que luego habían de padecer.

Hecho esto, tenían aparejadas los dueños de los esclavos muchas mantas y muchos maxtles que habían de distribuir en la fiesta, cogidos con sus cargas, y cargábanselas sobre los hombros a los que las habían de llevar. Y los que habían de morir componíanse con sus papeles y tomaban a cuestas sus banderillas, y las mujeres llevaban a cuestas las petaquillas de sus alhajuelas. Luego se ponían todos en procesión delante de la puerta, y los esclavos entraban en los cilleros[9] de la casa y cercaban los hogares, andando alrededor [de ellos] algunas vueltas, y luego comenzaban a ir hacia la casa que se llama *calpulco*, y los esclavos iban detrás de todos. Y llegando al *calpulco*, los esclavos, danzaban por el patio, y los que llevaban las cargas metíanlas en el *calpulco*, y luego ponían cada cosa por sí, las mantas todas juntas y los maxtles todos juntos, y los huipiles todos juntos y las naoas todas juntas. Luego entraban los convidados, y los que hacían la fiesta dábanl[e]s mantas y maxtles o lo que querían, y las mujeres entraban ordenadas por otra parte y dábanles huipiles o naoas o lo que querían.

[8] En el original dice *en llegando*.
[9] Bodegas o despensas para guardar algo.

Estas fiestas hacían solos los mercaderes que compraban los esclavos. Habiendo dado mantas y lo demás a los convidados, luego llevaban los esclavos al cu, y después que habían dado vuelta al cu en procesión, luego los subían sobre el cu. Llegando arriba, andaban en procesión alrededor del ta[j]ón, y tornaban a descend[e]r abajo, y [cuando] llegaban aba[j]o iban corriendo al *calpulco*. Otros no corrían, sino iban despacio.[10] Y llegando al *calpulco*, descomponíanl[e]s los papeles y sentábanlos sobre unos petates. Traíanlos allí de comer, y también pul[qu]e, porque comiesen y bebiesen los que quisiesen.

Toda la noche los hacían velar allí. Y llegada la media noche, poníanlos en ren[g]le delante del fuego y cortábanl[e]s los cabellos de la coronilla, y guardábanlos por reliquias, como está dicho. Hecho esto, comenzaban a comer masa de bledos que tenían aparejados. Ninguno de[j]aba de comerla, y estos tamales rollizos no los partían con la mano, sino con un hilo de *ichtli*. Acabando[11] de comer estos tamales, cogían los petates y enrollábanlos, y poníanlos todos juntos en un lugar. Esto se hacía en todas las casas del pueblo. Echábanse en el suelo o sobre unas mantillas rotas que tendían deba[j]o, y amaneciendo,[12] ante[s] que fuese bien de día, descendí[a] el dios Páinal de lo alto del cu de Huitzilopuchtli, y luego iba derecho al juego de pelota que estaba en el medio del patio, que llamaban *teutlachco*. Allí mataba cuatro ca[u]tivos, dos a honra del dios Amapan y otros dos a honra del dios Huappatzan, cuyas estatuas estaban junto al *tlachco*. Habiéndolos[13] muert[o], arrastrábanlos por el *tlachco*. Ensangrentábase todo el suelo con la sangre que [de ellos] salía yéndolos arrastrando.

Hecho esto, iba luego corriendo hacia el Tlatilulco. Iban

---

[10] En el original esta palabra aparece separada: *de espacio*.

[11] En el original dice *en acabando*.

[12] En el original dice *en amaneciendo*.

[13] En el original dice *en habiéndolos*.

acompañándole cuatro nigrománticos y otra mucha gente, y desde allí iba por el camino que llaman Nonoalco, donde a[h]ora está una iglesia de San[14] Miguel. Allí le salía a rec[i]bir el sátrapa de aquel cu, con la imagen del dios Cuahuitlícac, que es su compañero del dios Páinal. Ambos tenían unos ornamentos o atavíos. Luego ambos juntos iban hacia Tlacuba, al lugar que se llama Tlaxotlan. De allí iban hacia el barrio que se llama Popotlan, a donde está la iglesia de San[15] Esteban, y delante de un cu que allí estaba mataban otros ca[u]tivos. Y luego corriendo se partían hacia Chapultépec, y pasaban por delante del cerro de Chapultépec, y pasaban un río que corre por allí, que llaman Izquitlan. Delante del cu que allí estaba, mataban otros ca[u]tivos, a los cuales llamaban *izquitécah*. [De allí] iban derechos hacia Coyohuacan, y llegaban allí a un lugar que se llama Tepetocan, junto a las casas de Coyohuacan. Y [de allí] iban derechos a Mazatlan, que es cerca de la iglesia de Santo[16] Mathías Iztacalco. Y [de allí] volvían a un lugar que se llamaba Acachinanco, que es cerca de las casas de Alvarado.

Entretanto que se hacía esta procesión, hacían una escaramuza los esclavos que habían de morir. Un bando er[a] de Huitznahua, y de[l] otro bando, otros esclavos, y de la parte de Huitznahua ayudaban los soldados de Huitznahua. A éstos daba el señor jubones[17] amarillos y rodelas pintadas de unas esférulas blancas y negras, entrepuestas las unas a las otras. Estos soldados llevaban por espadas unos garrotes de pino y unos dardos con que peleaban y tiraban. Y los esclavos tiraban saetas de ca[s]quillos de pedernal. Matábanse unos a otros en esta escaramuza. Y los que ca[u]tivaban los escla-

---

[14] En el original dice *Sanct*.

[15] En el original dice *Sanct*.

[16] En el original dice *Sancto*.

[17] Vestiduras que cubren desde los hombros hasta la cintura.

vos de los soldados, también los mataban. Echaban a los que ca[u]tivaban sobre un *teponaztli*, y allí le[s] sacaban el corazón. Y [cuando] tornaba el dios Páinal, ya que llegaba al lugar del cu donde peleaban, y el que estaba mirando desde encima del cu daba voces diciendo: "Ah, mexicanos, no peleéis más, cesad de pelear, que ya viene el señor Páinal".

Oída esta voz los que peleaban, los soldados echaban a huir y los esclavos s[e]guíanlos, y así se desbarataba la guerra.

Delante del dios Páinal traían dos plumajes redondos como rodelas, y tenían el medio agujerado. Eran aquellas como mazas que llevaban delante de aquel dios puestas en unas astas, como astas de lanza. Llevábanlos unos muchachos corriendo, y apareciendo[18] aquellas de le[j]os, el atalaya dab[a] voces que cesase la guerra. Y llegando cerca del cu de Huitzilopuchtli, dos soldados de aquellos que acompañaban tomaban las mazas a los muchachos y llevábanlas corriendo hacia el cu, y salían otros dos, y tomábanlas a aquéllos y llevábanlas otro trecho, y [así] se remudaban hasta llegar a la puerta del patio del cu de Huitzilopuchtli, que se llamaba Cuauhquiáhuac.

Llegando allí, ninguno podía tomar las mazas a los que las llevaban. Ellos las subían al cu de Huitzilopuchtli, y llegando arriba ponían las mazas sobre la estatua de Huitzilopuchtli, que era hecha de masa de bledos. Allí caían cansados. Allí estaban carleando[19] de cansados. Luego iba un sátrapa y cortaba las orejas con un pedernal a estos dos que habían llegado cansados, y tornando en sí, ba[j]aban [d]el cu trayendo consigo la estatua de Huitzilopuchtli ca[u]tiva, que era de masa, y llevábanla para sus casas, y hacían convite con ella a sus parientes y a todos los de su barrio.

[18] En el original dice *en apareciendo*.
[19] Jadeando.

Hecho esto, tomábanle luego a los ca[u]tivos y a los otros esclavos que habían de morir, y traíanlos en procesión alrededor del cu, sól[o] una vez. Iban delante de todos los ca[u]tivos, y luego los ponían en orden. Luego descendía un sátrapa de lo alto del cu, y traía en las manos un volumen grande de papeles blancos, que llaman *teteppoalli*,[20] o por otro nombre, *tetéhuitl*.

[Y] llegando aba[j]o, alzaba los papeles, como ofreciéndolos hacia las cuatro partes del mundo. Luego los ponía en un pilón que se llama *cuauhxicalco*.

Luego descendía otro sátrapa que traía un hachón de teas muy largo, que llaman *xiuhcóatl*. Tenía la cabeza y la cola como culebra, y ponía en la boca unas plumas coloradas que parecía que le salía fuego por la boca. Traía la cola hecha de papel, dos o tres brazas de largo. Cuando descendía no parecía sino gran culebra. Descendía culebreando y moviendo la lengua, y llegando aba[j]o íbase derecho al pilón donde estaba el papel, y ofrecíalo hacia las cuatro partes del mundo. Y luego tornaba a ponerlo junto, y arrojaba sobre ello la culebra ardiendo. Allí se quemaba todo junto, y el sátrapa tornábase a subir al cu, y llegando arriba comenzaban luego a tocar las cornetas y caracoles. Luego descendía un sátrapa con gran pr[is]a, trayendo en los brazos la estatua de Páinal, vicario de Huitzilopuchtli. Y llegando con ella aba[j]o, pasaba por delante del pilón, y por delante de los ca[u]tivos y los esclavos que habían de morir, como guiándolos. Luego tornaba a subir al cu. [Y] llegando arriba, mataban primero a los ca[u]tivos para que fuesen delante de los esclavos. Y luego mataban a los esclavos. Matando[21] a uno luego tocaban las cornetas y caracoles. Descendían el cuerpo por las gradas ro-

---

[20] "Una cuenta de *tetehuitl*."

[21] En el original dice *en matando*.

dando, derramando por ellas la sangre. Así hacían a todos los esclavos que mataban a honra de Huitznahua. Sól[o] ellos morían. Ningún ca[u]tivo moría con ellos. Matábanlos en su cu de Huitznáhuatl.

Acabados de matar los esclavos y los ca[u]tivos, todos se iban a sus casas, y el día siguiente bebían pul[qu]e los viejos y viejas, y los casados y los principales. Este pul[qu]e que aquí bebían se llamaba *matlaluctli,* que quiere decir, "pul[qu]e azul", porque lo t[e]ñían con color azul.

Los demás [de éstos] que bebían el *uctli,* bebíanlo secretamente, porque si se sabía los castigaban. Dábanl[e]s de porrazos y tr[a]squilábanlos, arrastraban y acoceábanlos y arrojábanlos por ahí muy maltratados.

En las casas de los dueños de los esclavos cantaban y tañían y tocaban las sonajas. No bailaban, sino estaban sentados. Daban mantas a los servidores de la fiesta que tenían cargo de dar la comida y bebida, y cañas de humo y flores, etcétera. Y también daban naoas y huipiles a las mujeres que tenía[n] cargo de hacer pan y comida y bebida, y también a todos los vecinos del barrio daban mantas.

Y al tercero día, al cual llaman *chonchayocacalihua,* que quiere decir, "escaramuza de zaharrones", componían uno de zaharrón, con unos balandranes[22] y carátulas espantables, y hacíanse luego dos bandos: de una parte se ponían los ministros de los ídolos, y con ellos el zaharrón, y de otra parte se ponían los mozos del *telpuchacalli.* Y al mediodía comenzaban a pelear los unos con los otros. Peleaban con unos ramos de *oyámetl* o pino, y con cañas, y también con cañas macizas, atadas unas con otras de tres en tres, o de cuatro en cuatro. Y cuando se aporreaban con ellas, hacían gran ruido.

---

[22] Ésta es la lectura que proponen López Austin y García Quintana del término *malandranes* que aparece en el texto.

Lastimábanse los unos a los otros, y a los que ca[u]tivaban, fregábanl[e]s las espaldas con pencas de maguey molido, lo cual hace gran escocimiento.[23] Y los ministros del templo a los que ca[u]tivaban, punzábanl[e]s con espinas de maguey las orejas y los molledos de los brazos, y los pechos y los muslos. Hacíanl[e]s dar gritos. Y si los mozos del *calmécac* vencían a los contrarios, encerrábanlos en la casa real o palacio. Y los que iban tras ellos robaban cuanto había: petates, icpales y *teponaztli*, huehuetes, etcétera. Y si los mozos del *calpulco* vencían a los del *calmécac*, encerrábanlos en [el] *calmécac* y robaban cuanto hallaban: petates, icpales, cornetas y caracoles, etcétera. Y apartábanse y cesaba la escaramuza a la puesta del Sol.

Al cuarto día llamaban *nexpixolo*.[24] Decían los viejos que los esclavos que habían sido muertos estaban todavía por ahí, que no habían ido al Infierno. Y el cuarto día que se llamaba *nexpixolo*, entonce[s] entraban al Infierno. Y aquel mismo día ponían en sus petacas los papeles con que los esclavos y ca[u]tivos habían muerto. Y aquel mismo día los dueños de los esclavos y ca[u]tivos, y toda la otra gente, se bañaban y [j]abonaban, y lavaban las cabezas. Y luego se iban todos para sus casas, porque ya era acabada la fiesta.

[23] En el original dice *rescocimiento*.
[24] "Derramamiento de cenizas."

CAPÍTULO XXXV
De la fiesta y cer[e]monias que se hacían
en las calendas del décimo sexto mes,
que se llamaba Atemuztli

AL MES décimo sexto llamaban *Atemuztli*, que quiere decir, "descendimiento de agua". Y llamábanle [así] porque en este mes suelen comenzar los truenos y las primeras aguas allá en los montes. Y decía la gente popular: "Ya vienen los dioses tlaloques".

En este tiempo, los sátrapas de los tlaloques andaban muy devotos y muy penitentes, rogando a sus dioses por el agua y esperando la lluvia. Comenzando a tronar y hacer señales de lluvia, luego estos sátrapas tomaban sus incensarios, que eran como unas cucharas grandes agujeradas, llenas de brasas, y los astiles largos, delgados, y rollizos y huecos, y tenían unas sonajas dentro, y el remate, que era una cabeza de culebra. En estos incensarios sobre las brasas echaban su incienso, que llaman *yiauhtli*, y comenzaban luego a hacer ruido con las sonajas que estaban en el astil, moviéndole acá y allá. Y comenzaban luego a incensar todas las estatuas de los cúes y de los tlaxilacales. Con estos servicios demandaban y esperaban la lluvia.

La otra gente, por amor del agua, hací[a] votos de hacer las imág[e]nes de los montes. Cinco días antes de llegar a esta fiesta, compraban papel y *ulli*, y [he]nequén y navajas, y con mucha devoción aparejábanse con ayunos y penitencias para hacer las imág[e]nes de los montes y para cubrirlos con papel.

En estos tiempos, aunque se bañaba[n] no lavaban la cabeza, sino sólo el pescuezo. Absteníanse los hombres de las mujeres, y las mujeres de los hombres.

La noche de la vigilia de la fiesta, para amanecer a la fiesta de *Atemuztli*, que era a los veinte días [de este] mes, toda la noche gastaban en cortar papeles de diversas maneras. A estos papeles [así] cortad[o]s llamaban *tetéhuitl*. Cortados estos papeles, pegábanlos a unos varales grandes, desde [a]ba[j]o hasta arriba, a manera de bandera. Todos estos papeles estaban manchados de *ulli*. Y después hincaban este varal en el patio de su casa, cada uno, y allí estaba todo el día de la fiesta.

Y estos que hacían el voto de hacer las imág[e]nes, convidaban a los ministros de los ídolos para que viniesen a sus casas a hacer los papeles con que habían de componer a las imág[e]nes de los montes, y hacíanlas en su mon[a]sterio que se llama *calmécac*. Después de haberlo hecho, llevábanlas a las casas de los que habían votado, y llevaban también su *teponaztli* y sus sonajas, y la concha de la tortuga para tañer. Llegando,[1] luego, componían las imág[e]nes que estaban hechas de masa de bledos. Algunos tenían hechas cinco; algunos diez, y otros quince. Eran las imág[e]nes de los montes sobre que las nubes se arman, como es Vulcán y la Sierra Nevada, y la Sierra de Tlaxcalla, etcétera, y otras [de esta] manera.

Después de haber compuest[o] estas imág[e]nes, poníanlas en orden en el oratorio de la casa, y luego ponían comida a cada una por sí. Delante [de ellas] sentábanse, y los tamales que l[e]s ponían eran muy chiquitos, conforme a las imág[e]nes, que eran muy pequeñitas. Poníanl[e]s en unos platillos pequeñuelos, y unos ca[je]tillos con un poquitito de mazamorra, y también tecomates pequeñit[o]s que cabí[a] poquito de *cacáhuatl*. En una noche l[e]s presentaban comida [de esta] manera, cuatro veces. También l[e]s ponían dos tecoma-

---

[1] En el original dice *en llegando*.

tes de calabaza verde, que se llama *tzilacayotli*. H[e]nchían-
los de pul[qu]e y toda la noche estaban cantando delante [de
ellos]. Tañían sus flautas, y no tañían los flauteros, sino unos
mancebillos que buscaban para esto, y dábanl[e]s de comer.
Hecho todo esto, amaneciendo,[2] los ministros de los ídolos
demandaban a los dueños de la casa aquel instrumento para
te[j]er que llaman *tzotzopaztli*, y mentíansel[o] por los pechos
a las imág[e]nes de los montes, como matándoles, y cortábanle[s] el cuello y sacábanle[s] el corazón, y luego le daban
al dueño de la casa puesto en una [j]ícara verde.

Habiendo ya muerto como está dicho todas aquellas imá-
g[e]nes o estatuas, quitábanl[e]s los papeles con que estaban
aderezadas, y todo junto l[o] quemaban en el patio de la casa,
y con ellos quemaban también los cajitillos[3] de la comida, y
todos los petates de juncias verdes con que estaban adorna-
das aquellas imág[e]nes, y todas las alhajas en que habían
puesto comida y bebida a las imág[e]nes o estatuas. Todo lo
llevaba[n] a los oratorios que llaman *ayauhcalco*, que estaban edificados a la orilla del agua.

Hecho esto, luego se juntaban los convidados y comían y
bebían a honra de las estatuas muertas, que se llamaban *te-
picme*.[4] Luego ponían delante comida a cada uno por sí. Habiendo comido, dábanles a beber pul[qu]e. Y las mujeres que
entraban en este convite todas llevaban maíz o mazorcas de
maíz en los almantos.[5] Ninguna iba sin llevar algo, o mazorcas
de maíz hasta quince o veinte. Entrando, sentábanse aparte,
y dábanles allí comida a cada una por sí, y también a beber
pul[qu]e. Tenían este pul[qu]e en unos cangilones[6] prietos.

---

[2] En el original dice *en amaneciendo*.

[3] Es la lectura que proponen López Austin y García Quintana.

[4] "Los plasmados."

[5] En haldas. Faldas.

[6] Vasos grandes en forma de cántaro para traer líquidos.

Bebían tomando el pul[qu]e de los cangilones con unas tazas negras. Acabado el convite, cogían los papeles de los varales que estaban puestos en los patios, que llamaban *tetéhuitl*, y llevábanlos a ciertos lugares del agua que estaban señalados con unos maderos hincados, o a las alturas de los montes.

Éste es el remate [de esta] fiesta, y la conclusión de la relación de *Atemuztli*.

CAPÍTULO XXXVI

De la fiesta y sacrificios que se hacían
en las calendas del décimo séptimo mes,
que se llamaba Títitl[1]

AL MES décimo séptimo llaman *Títitl*. En este mes mataban a una mujer esclava, comprada por los calpixques. Matábanla a honra[2] de la diosa Ilamatecuhtli. Decían que era su imagen. Ataviábanla con unas naoas blancas y un huipil blanco, y encima de las naoas poníanl[e] otras naoas de cuero, cortadas y hechas correas por la parte de aba[j]o, y de cada una de las correas llevaba un caracolito colgado. A estas naoas llamábanlas *citlalli icue*,[3] y los caracolitos que llevaba colgado llamábanlos *cuechtli*. Y cuando iba andando esta mujer con estos atavíos, los caracolitos tocábanse unos con otros, y hacían gran ruido, que se [o]ían le[j]os. Las cotaras que llevab[a] eran blancas, y los calcaños[4] eran te[j]idos de algodón. Llevaba también una rodela blanca, [b]lanqueada con greda. Llevaba en el medio de la rodela un [g]orro hecho de plumas de águila y cosido a la misma rodela. Los rapacejos de aba[j]o eran blancos, hechos de plumas de [g]arzotas, y en los remates de los rapacejos iban unas plumas de águila [i]n[j]eridas. En la una mano lleva la rodela; en la otra el *tzotzopaztli* con que te[j]en. Y llevaba la cara teñida de dos colores, y desde la nariz aba[j]o de negro y

---

[1] Probablemente "contracción".

[2] En el original aparece repetida dos veces la frase *a honra*.

[3] "Su falda es de estrellas."

[4] Parte posterior de la planta del pie.

desde la nariz arriba de amarillo. Y llevaba una cabellera que le colgaba por las espaldas. Llevaba por corona unas plumas de águila, apegadas a la cabellera. Llamaban esta cabellera *tzompilinalli*.

Ante[s] que la matasen a esta mujer, hacíanla danzar y bailar, y hacíanle el son los viejos, y cantábanle los cantores. Y andando bailando, lloraba y s[u]spiraba y angustiábase, viendo que tenía cerca la muerte. Esto pasaba hasta mediodía o poco más. Ya que el Sol declinaba hacia la tarde, subíanla [a] aquel cu de Huitzilopuchtli, [e] íbanl[a] siguiendo todos los sátrapas, vestidos de los ornamentos de todos los dioses, y enmascarados. Y también uno [de ellos] llevaba los ornamentos y máscara de la diosa Ilamatecuhtli.

Habiéndola llegado arriba, matábanla luego y sacábanle el corazón. Luego l[e] cortaban la cabeza y dábanla al que llevaba los ornamentos de aquella diosa, con que iba vestido, el cual iba delante de todos. Y tomábanla por los cabellos con la mano derecha, y llevábanla colgando, [e] iba bailando con los demás, y levantaba y [b]a[j]aba la cabeza de la muerta a propósito del baile, y guiaba a todos los demás dioses o personajes de los dioses.

Así bailando, andaban alrededor por lo alto del cu. Habiendo dado algunas vueltas tornábanse a descend[e]r por su orden, como en procesión, y llegando aba[j]o luego todos se esparcían y s[e] iban a sus casas, que eran los calpules donde se guardaban aquellos ornamentos.

Cuando bailaba aquel que iba aderezado con los atavíos de la diosa Ilamatecuhtli, hacía continencias, volviendo hacia atrás, como haciendo represa,[5] y alzaba los pies hacia [a]trás. Llevaba en la mano por bordón una caña maciza sobre que [e]stribaba. Esta caña tenía tres raíces y su cepa, y aquello

---

[5] Se detenía.

iba hacia arriba, y punta hacia aba[j]o. A esta manera de bailar decían "recula".

La diosa Ilamatecuhtli llevaba también una máscara de dos caras, una atrás y otra delante, las bocas muy grandes y los ojos salidos. Llevaba una corona de papel almenada.

Yéndose[6] los dioses para los calpules, descendía luego un sátrapa de lo alto del cu. Venía ataviado como mancebo. Traía una manta cubierta, hecha como red, que llamaban *cuechintli*. Llevaba en la cabeza unos penachos blancos, y atados los pies, como cascabeles, como pescuños[7] de ciervos. Y llevaba una penca de maguey en la mano, en lo alto [de ella] una banderilla de papel. Y llegando aba[j]o íbase derecho para el pilón, que llaman *cuahxicalco*. Allí estaba una casilla como jaula, hecha de teas, y lo alto tenía e[m]papelado como *tlapanco*. A éste llamaban "la tro[j]e de la diosa llamatecuhtli".

Aquel sátrapa ponía la penca de maguey cabe la tro[j]e, y pegaba [f]uego a la tro[j]e. Y otros sátrapas que allí estaban luego arrancaban a huir por el cu arriba, a porfía. A esta cer[e]monia llamaban *xochipaina*.[8] Y estaba arriba una flor que llamaban *teuxóchitl*. Y el que primero llegaba tomaba aquella flor, y los que habían subido descendían trayendo la flor, y arrojábanla en el *cuauhxicalco*, adonde estaba ardiendo la tro[j]e. Hecho esto, luego se iban todos.

El día siguiente comenzaban el juego que llaman *nechichicuahuilo*.[9] Para este juego todos los hombres y muchachos que querían jugar hacían unas taleguillas o redecillas llenas de la flor de las espadañas o de algunos papeles rotos. Ataban a ésta un cordelejo o cinta media braza de largo, de tal manera que pudiese hacer golpe. Otros hacían a manera de

---

[6] En el original dice *en yéndose*.

[7] Cuñas.

[8] "Carrera de la flor."

[9] "Se dan lechuzazos."

guantes las taleguillas, y h[e]nchíanlas de lo de arriba dicho, o de hojas de maíz verde. Ponían pena a todos éstos, que nadie echase piedra o cosa que pudiese lastimar dentro de las taleguillas. Comenzaban luego los muchachos a jugar este juego a manera de escaramuza. Y dábanse de talegazos en las cabezas y por donde acertaban, y de poco en poco se iban multiplicando los muchachos, y los más traviesos daban de talegazos a las muchachas que pasaban por la calle. A las veces se juntaban tres o cuatro para dar a una. De tal manera la fatigaban que la hacían llorar.

Algunas muchachas que eran más discretas, si habían de ir a alguna parte, entonce[s] llevaban un palo u otra cosa que hiciese temer, para defenderse. Algunos muchachos traviesos [e]scondían la talega, que llamaban *chichicuatli*, y cuando pasaba alguna mujer descuidadamente, dábanle de talegazos. Y como le daban un golpe, decía: *"Chichicuatzin, tonantzé"*, que quiere decir: "Madre nuestra, es la talega [de este] juego". Y luego daba a huir.

Todos estos días que duraba este juego las mujeres andaban muy recatadas cuando iban a alguna parte.

Ésta es la relación de la fiesta de *Títitl*.

CAPÍTULO XXXVII

*De la fiesta y cer[e]monias que se hacían
en las calendas del décimo octavo mes,
que se llamaba* Izcalli[1]

AL DECIOCHENO mes llaman *Izcalli.* A los diez días [de este] mes hacían tamales de hojas de bledos muy molidas. Decían a esta fiesta *motlaxquían tota,* que quiere decir, "nuestro padre el fuego tuesta para comer".

Hacían la estatua del dios del fuego de arquitos y palos atados unos con otros, que ellos llaman *colotli,* que quiere decir, "cimbria" o "modelo". Poníanle una carátula de obra de m[o]-saico. Era toda labrada de turquesas, con unas bandas de piedras que se llaman chalchihuites, atravesadas por la cara. Era muy hermosa esta máscara, y resplandeciente. Poníanle una corona, que la llamaban *quetzalcómitl.*[2] Era hecha de plumas ricas; era angosta, conforme al redondo de la cabeza en lo de aba[j]o; pero íbase ensanchando hacia arriba. Estaban las plumas arriba muy paradas, bien así como un clavel que está enredado de cañas y arriba están pa[r]adas todas las flores, por encima de las cañas. Lleva también esta corona dos plumajes: uno de la parte izquierda y otro de la parte derecha, que salen de junto a las sienes a manera de cuernos inclinados hacia delante. En el remate [de ellos] van muchas plumas ricas que llaman *quetzalli,* que salen de unos vasos hechos a manera de [j]ícara chiquita. Estos dos plumajes o cuernos se llamaban

---

[1] "Crecimiento."
[2] "Jarro de plumas preciosas."

cuammalitli. Llevaba esta corona cosida por la parte trasera y ba[j]a, y una cabellera de cabellos rubios que colgaba sobre las espaldas. Eran estos cabellos cercenados por la parte de aba[j]o, muy iguales. Parecía que estos cabellos salían deba[j]o [de] la corona, y que eran naturales.

Ponían a esta estatua un ornamento de plumas muy ricas, plegado al cuello, tan ancho como todos los pechos, que descendía hasta los pies, del mismo anchor. Y aunque sobraba sobre los pies más de dos palmos, que se tendían delante [de] los pies, era hecho de tal manera este ornamento que cualquie[r] aire que corriese, por poco que fuese, le meneaba y levantaba, y todas las plumas resplandecían y parecían de diversas colores.

Estaba sentad[a] esta estatua en un trono de un cuero de tigre que tenía pies y manos y cabeza natural, aunque estaba seco, esta estatua así adornada no le[j]os de un hogar que estaba delante [de ella]. Y a la media noche sacaban fuego nuevo, para que ardiese en aquel hogar, y sacábanlo con unos palos, uno puesto aba[j]o, y sobre él barrenaban[3] con otro palo, como torciéndole entre las manos con gran pr[is]a, y con aquel movimiento y calor se encendía el fuego. Y allí lo tomaban con yesca y encendíanlo en el hogar.

A la mañana, amaneciendo,[4] venían todos los muchachos y mancebillos trayendo todos la caza que habían tomado el día antes, y ordenábanse todos en ren[g]le, [e] iban delante los viejos que estaban allí junto a la casa de *calpulli,* donde estaba la estatua, y ofrecíanl[e]s las aves que traían cazadas, de todo género, y también peces y culebras y otras sabandijas del agua. Y recibiendo estas ofrendas los viejos, echábanlas en el fuego, que era grande y ardía delante [de] la estatua.

[3] Abrir agujeros con barrena en algún cuerpo.
[4] En el original dice *en amaneciendo.*

Las mujeres toda la noche se ocupaban en hacer unos tamales que llamaban *huauhquiltamalli*, y también amaneciendo[5] los iban a ofrecer delante [de] la estatua. Y así estaba gran cantidad [de ellos] delante [de] la estatua. Y como los muchachos ofrecían la caza que traían, entraban así como iban ordenados y daban una vuelta en rededor del fuego, y cuando pasaban cabe el fuego estaban otros viejos que daban a cada uno de los muchachos un tamal, y así se tornaban a salir los muchachos por su orden. A estos tamales los llamaban también *chalchiuhtamalli*.[6]

Toda la gente y en todas las casas se hacían estos tamales, y convidaban unos a otros con ellos. A porfía traba[j]aban cual por cual haría primero estos tamales. Y la que primero los hacía, iba luego a convidar con ellos a sus vecinos para mostrar su mayor diligencia y su mayor urbanidad. La vianda que se comía con estos tamales eran unos camarones que ellos llaman *acocilti*, hechos con un caldo que ellos llaman *chamulmulli*. Todos comían en sus casas esta comida, muy caliente y tras el fuego. Y las camisillas de maíz con que esta[n] [envueltos][7] los tamales, cuando se la[s] quitaban para comerlos no las echaban en el fuego, sino juntábanlas para echarlas en el agua.

Acabando[8] de comer esta comida, luego bebían pul[qu]e los viejos del barrio en la casa del *calpulco* donde estaba la estatua, y llamaban [a] esta bebida *texcalcehuía*. Bebían y cantaban delante [de] la imagen de Xiuhtecuhtli hasta la noche.

---

[5] En el original dice *en amaneciendo*.

[6] "Tamal precioso."

[7] Lectura que proponen López Austin y García Quintana del término *revueltos* que aparece en el texto.

[8] En el original dice *en acabando*.

Ésta es la relación de la fiesta que llamaban *Huauhquil-tamalcualiztli.*[9]

Lo que está dicho arriba se hacía a los diez días [de este] mes, y a los veinte días [de este] mismo mes hacían otra vez la estatua del dios del fuego, de palillos y círculos atados unos con otros, como arriba se di[j]o. Acabada de hacer la estatua, poníanl[e] una carátula o máscara hecha de m[o]saico, de pedacitos de conchas que llaman *tapachtli.* La barba y hasta la boca tenía esta máscara de piedras negras, que llamaban *téutetl.* También tenía una banda de piedras negras que atravesaba las narices y ambos los [ojos].[10] Era hecha de unas piedras que se llama[n] *tezcapuctli.*[11] Poníanle en la cabeza una corona de plumajes ricos que estaban alr[e]dedor de la cabeza, y del medio salían muchos quetzales ricos y altos. Colgaban de esta corona sobre las espaldas unas plumas verdes muy preciosas. Tenía aquella corona adornado el chapitel de unas plumas muy negras, que resplandecían de negras, que crían las gallinas y los gallos en el pescuezo, y entrepuestas unas pestañas de plumas peladas, que parecían como pestañas de tafetán. Poníanle una pieza hecha de plumas de papagayos plegada al cuello. Era tan ancha que tomaba de un hombro a otro, y colgaba hasta los pies, y aun arrastraba. Era igualmente ancha desde arriba hasta aba[j]o.

Estando adornada esta estatua, que llamaban Milíntoc, y sentada en su trono, ofrecíanle harina de maíz. Esta harina revolvían con agua caliente. [De esta] masa hacían unos panecillos pequeños. Echábanlos en el medio fri[j]oles como empanados, no molidos, y luego iban a ofrecer delante [de] la estatua. Cada uno llevaba cinco de aquellos panecillos, y poníanle a los pies de la estatua.

[9] "Comida de tamal de verduras de bledos."
[10] Lectura propuesta por López Austin y García Quintana.
[11] "Humo de espejo."

También los muchachos y mancebillos puestos por orden traían su caza, y dábanla a los viejos, y los viejos echábanla en el [f]uego que ardía delante [de] la estatua. Esta caza era de aves y culebras y otras sabandijas, y las pequeñas culebras y las pequeñas aves llamámabanse del todo en el fuego, y las grandes culebras y las grandes aves, [luego que] estaban asadas, sacábanlas. Echábanlas allí a la orilla del fuego. Y después que se templaban, comíanlas los viejos que se llamaban *calpuleque*. Y los muchachos, como iban ofreciendo, daban vuelta alrededor del fuego, y a la pasada daban, a cada uno, uno de los panecillos que habían ofrecido, los cuales llamaban *macuextlaxcalli*.[12]

Acabando de comer estos panecillos y la demás comida, luego los viejos bebían pul[qu]e. Esta bebida llamaban *texcalcehuilo*. Bebían allí en el mismo oratorio donde estaba la estatua de Milíntoc, que llaman *calpulco*. Y los que hacían vino de maguey, que llaman *tlachicque* o *tecuhtlachicque*, tenían cargo de traer el pul[qu]e para beber. De su voluntad iban. Traíanlo en sus jarros o [j]ícaras. Echaban en un lebrillo[13] que estaba allí, delante [de] la estatua. Los que bebían este pul[qu]e no se emborrachaban.

Estas dos cer[e]monias dichas no se hacían en todas partes, sino por aquí, por Tlatilulco.

Acabado este mes, los cinco días que se siguen son sobrados de los trescientos y sesenta ya dichos, los cuales todos de veinte en veinte están dedicados a algún dios. Estos cinco días a ningún dios están dedicados, y por eso los llaman *nemontemi*, que quiere decir, que están por demás, y teníanlos por aciagos. Ninguna cosa hacían en ellos. Los que nacían en

---

[12] "Pan de pulsera."

[13] Vasija de distintos materiales, más ancha por el borde que por el fondo, que tiene varios usos.

estos días teníanlos por mal afortunados. Ningún signo l[e]s aplicaban.

Tres años arreo hacían lo que arriba está dicho en este mes y en esta fiesta; pero al cuarto año hacían muchas otras cosas, según que se sigue:

Este cuarto año mataban muchos esclavos como imág[e]-nes del dios del fuego, que llamaban Ixcozauhqui o Xiuhte-cuhtli. Y cada uno [de ellos] iba con su mujer, que también había de morir.

Este cuarto año, el último día [de este] mes, amanecien-do,[14] llevaban a los que habían de morir al cu donde los habían de matar. Las mujeres que habían de morir llevaban todos sus hatillos y todas sus alhajas a cuestas, y los hombres lo mis-mo. Los papeles con que habían de morir no los llevaban ves-tidos, mas llevábaselos uno delante, puestos en una trípoda, que era un globo que tenía tres pies sobre que estaba. Sería medio estado de alta esta trípoda. Sobre el globo iban com-puestos estos papeles, y colgados, y uno llevaba esta trípoda delante del m[i]smo esclavo a quien se los habían de vestir. Y llegando al cu donde habían de morir, componíanlos con sus papeles en la forma del dios Ixcozauhqui, [así] a los hom-bres como a las mujeres, y por su orden subíanlos al cu. Lle-gados arriba, daban vuelta por delante del ta[j]ón donde los habían de matar, y tornábanlos a descend[e]r por su orden, y llevábanlos al *calpulco,* y descomponíanlos de los papeles, y metíanlos en una casa, y guardábanlos con gran diligencia. Y a los hombres ataban unas sogas por medio del cuerpo, y cuando salían a orinar, los que los guardaban teníanlos por la soga porque no se huyesen.

Y llegada la media noche, cortábanl[e]s los cabellos de la coronilla de la cabeza, delante del fuego, para guardar por

[14] En el original dice *en amaneciendo.*

reliquias. Habiéndol[e]s cortado los cabellos, echábanlos una bi[z]ma en toda la cabeza con resina y plumas de gallina blanca, así a los hombres como a las mujeres.

Aquella[15] noche nadie dormía. Luego quemaban sus hatillos y alhajas allí en el *calpulco*, y habiéndolos quemado, tornaban otra vez a encerrar. Algunos [de ellos] no quemaban sus hatos, sino los daban de gracia a sus parientes.

Y luego, amaneciendo,[16] componían a los que habían de morir con sus papeles, y luego los llevaban en procesión al lugar donde habían de morir. Iban bailando y cantando hasta el cu, y daban muy grandes voces. Este canto y este baile duraba hasta después de mediodía. Y pasando el mediodía, luego ba[j]aba del cu un sátrapa vestido con los ornamentos del dios Páinal, y pasaba por delante de los que habían de morir, y luego tornaba a subir al cu. Y luego los ca[u]tivos iban tras él subiendo por el cu arriba, porque ellos habían de morir primero.

Habiendo muerto a los ca[u]tivos, luego mataban a los esclavos que eran imág[e]nes del dios Ixcozauhqui, que era el dios del fuego, y después que todos habían muerto estaban aparejados los señores principales para comenzar su areito, muy sole[m]ne. Y luego le comenzaban, y el que guiaba era el señor. Llevaban todos en la cabeza unas coronas de papel, como medias mitras. Solamente llevaban la punta delante, sin la de [a]tras. Llevaban en las narices un ornamento de papel azul hecho como media mitra pequeñita que envestía la nariz y colgaba hasta la boca. Era como corona de la boca. Llevaban orejeras hechas de turquesas, de obra de m[o]saico. Otros, que no alcanzaban estas orejeras, llevábanlas de palo, labradas con flores. Llevaban una [ch]aqueta pintada de color azul, de

---

[15] En el original dice *en aquella noche*.
[16] En el original dice *en amaneciendo*.

unas flores curiosas. Llevaban por jo[y]el colgado al cuello una figura de perro hecha de papel y pintada de flores, y llevaban unos maxtles con unas bandas negras en los cabos que colgaban, y llevaban en las manos unos palos a manera de machetes, la mitad [de ellos] teñida con colorado y la mitad blanco, [desde el] medio arriba de colorado y [desde el] medio aba[j]o de blanco. De la mano izquierda llevaba colgado una taleguilla de papel con copal.

El principio [de este] baile era en lo alto del cu adonde estaba el ta[j]ón. Y habiendo bailado un poco, descendían aba[j]o, al patio del cu, y daban cuatro vueltas bailando al patio, las cuales acabadas luego se deshacía el areito y entrábanse en el palacio real, acompañando al señor.

Este baile se llamaba *netecuhitotilo*,[17] porque en él nadie había de bailar sino el señor y los principales. Hacíase de cuatro en cuatro años tan solamente.

En este m[i]smo día agujeraban las orejas a todos los niños y niñas que habían nacido en los tres años pasados. Agujerábanselas con un punzón de hueso, y después se las ensalmaban con plumas de papagayo, con las muy blandas que parecen algodón, que se llama *tlachcáyotl*,[18] y con un poco de *ocótzotl*. Y cuando ésta se hacía, los padres y madres de los muchachos y muchachas buscaban padrinos y madrinas, que ellos en su lengua llaman "tíos" y "tías", *tétlah, teahui*, para que los tuviesen cuando agujeraban las orejas. Y ofrecían entonces harina de una semilla que llaman *chían*, y a los padrinos y madrinas dábanles al hombre una manta leonada o bermeja, y a la madrina daban su huipil.

Acabándol[e]s de horadar las orejas, llevábanlos los padrinos y madrinas a rodearlos por la llama de un fuego que

[17] "Se baila con señorío."
[18] "Lo algodonado."

tenían aparejado para esto, que en el latín se dice *lustrare*, que es cer[e]monia que la Sagrada Escritura reprende. Había gran vocería de los muchachos y muchachas por el agujeramiento de las orejas. Hecho esto, íbanse a sus casas y allá comían y bebían los padrinos y madrinas, todos juntos, y cantaban y bailaban. Y al mediodía los padrinos y madrinas iban otra vez al cu y llevaban [a] sus ahijados y ahijadas. También llevaban pul[qu]e en sus jarros. Luego comenzaban un areito, y bailando traían a cuestas a sus ahijados y ahijadas, y dábanl[e]s a beber del pul[qu]e que llevaban con unas tacitas pequeñitas. Y por esto llamaban a esta fiesta "la borracheras de los niños y niñas".

Duraba este baile hasta la tarde.

Entonces se iban a sus casas, y en el patio de sus casas hacían el mismo areito. Y todos los de casa y los vecinos bebían pul[qu]e.

También hacían otra cer[e]monia, que tomaban con las manos a los niños y niñas, apretándoles por las sienes. Los levantaban en alto. Decían que así los hacían crecer. Y por esto llamaban a esta fiesta *Izcalli*, que quiere decir, "crecimiento".

Libro Cuarto

DE LA ASTROLOGÍA JUDICIARIA O ARTE DE
ADIVINAR QUE ESTOS MEXICANOS USABAN
PARA SABER CUÁLES DÍAS ERAN BIEN
AFORTUNADOS Y CUÁLES MAL AFORTUNADOS,
Y QUÉ CONDICIONES TENDRÍAN LOS QUE
NACÍAN EN LOS DÍAS ATRIBUIDOS A LOS
CARACTERES O SIGNOS QUE AQUÍ SE PONEN,
Y PARECE COSA DE [NIGROMANCIA],
QUE NO DE ASTROLOGÍA

PRÓLOGO

Cosa muy sabida es que los astrólogos llamados *genethliaci* tienen solicitud en saber la hora y [el] punto del nacimiento de cada persona, lo cual sabido adivinan y pronostican las inclinaciones naturales de los hombres por la consideración del signo en que nacen y del estado y aspecto que entonce[s] tenían los planetas entre sí y [con] respecto del signo. Estos astrólogos o adivinos fundan su adivinanza en la influencia de las constelaciones y planetas, y por esta causa tolérase su adivinanza y permítese en los reportorios[1] que el vulgo usa, con tal condición que nadie piense que la influencia de la constelación hace más que inclinar a la sensualidad, y que ningún poder tiene sobre el libre albedrío. Estos naturales de toda Nueva España tuvieron y tienen gran solicitud en saber el día y hora del nacimiento de cada persona para adivinar las condiciones, vida y muerte de los que nacían. Los que tenían este oficio se llamaban *tonalpouhque*,[2] a los cuales acudían como a profetas cualquier que le nacía hijo, hija, para informarse de sus condiciones, vida y muerte. Estos adivinos no se regían por los signos ni planetas del cielo, sino por una instrucción que según ellos dicen se las de[j]ó Quetzalcóatl, la cual contiene veinte caracteres multiplicados trece veces, por el modo que en el presente libro se contiene. Esta manera de adivinanza en ninguna manera puede ser lícita, porque ni se funda en la influencia de las estrellas, ni en cosa ninguna

[1] Calendarios, almanaques.
[2] "Los lectores del destino."

natural, ni su círculo es conforme al círculo del año, porque no contiene más de doscientos y sesenta días, los cuales acabados tornan al principio. Este artificio de contar o es arte de [nigromancia] o pacto y fábrica del Demonio, lo cual con toda diligencia se debe desarraigar.

AL SINCERO LECTOR

Tienes en el presente volumen, amigo lector, todas las fiestas movibles del año, por su orden, y las cer[e]monias, sacrificios y regocijos y supersticiones que en ellas se hacían, donde se podrá tomar indicio y aviso para conocer si a[h]ora se hacen del todo o en parte, aunque por no saber el tiempo en que se hacen, por ser movibles, será dificult[o]so en caer en ellas. Tienes también mucha copia de lenguaje tocante a esta materia, entre ellos bien trillada, y a nosotros bien oculta. Hay ocasión en esta materia de conj[et]urar la habilidad [de esta] gente, porque se contienen en ella cosas bien delicadas, como en la tabla que está al fin del libro se parece.

CAPÍTULO II
Del segundo signo, llamado ce océlutl,[1]
y de la mala fortuna que tenían
los que en él nacían, [así] hombres como mujeres,
si con su buena diligencia no se remediaban.
Los que en este signo nacían por la mayor parte
eran esclavos

EL SEGUNDO carácter se llama *océlutl*, que quiere decir, "tigre", el cual reinaba por otros trece días. Decían que era signo mal afortunado en todos los trece días que gobernaba.

Este *océlutl* tenía la primera casa o día; la segunda tenía
cuauhtli, que quiere decir, "águila"; la tercera tenía *cozcá-
cuauh*,[2] que quiere decir, otro pajarote que así se llama; la cuarta tenía *olin*, que quiere decir, "movimiento"; la quinta tenía
técpatl, que quiere decir, "pedernal"; la sexta tenía *quiáhuitl*,
que quiere decir, "lluvia"; la séptima tenía *xúchitl*, que quiere decir, "flor"; la octava tenía *cipactli*, que quiere decir,
"espadarte"; la novena tenía *ehécatl*, que quiere decir, "viento";
la décima tenía *calli*, que quiere decir, "casa"; la undécima
tenía *cuetzpalli*, que quiere decir, "lagartija"; la duodécima tenía *cóatl*, que quiere decir, "culebra"; la tredécima tenía *miquiztli*, que quiere decir, "muerte".

Cualquiera que nacía, ahora fuese noble, ahora fuese ple-
beyo, en alguna de las dichas casas, decían que había de ser
ca[u]tivo en la guerra, y en todas sus cosas había de ser des-

---

[1] "Uno tigre."

[2] En el original viene una errata: *cozcacucuauh.*

dichado y vicioso y muy dado a las mujeres. Y aunque fuese ya hombre valiente, al fin vendíase él mismo por esclavo, y esto hacía porque era nacido en tal signo. Más decían, que aunque fuese nacido en tal signo mal afortunado, remediábase por la destreza y diligencia que hacía por no dormir mucho y hacer penitencia de ayunar y punzarse, sacando la sangre de su cuerpo y barriendo la casa donde se criaba, y poniendo lumbre; y, si despertando[3] luego iba a buscar la vida, acordándose de lo que adelante había de gastar si enfermase, o con qué sustentase a sus hijos; y si fuese cauto en las mercaderías que tratase. Y también remediábase si era obediente y entendido, y si sufría los castigos o injurias que le hacían sin tomar venganza [de ellas].

Lo mismo decían de la mujer que nacía en este signo, que sería mal afortunada. Si era hija de principal, sería adúltera y moriría estru[j]ada la cabeza entre dos piedras, y viviría muy necesitada y trabajosa, en e[x]tremada pobreza. Y no sería bien casada, porque decían que nació en signo mal afortunado que se llama *océlutl*.

La cuarta casa [de este] signo se llama *olin*. Decían que era signo del Sol, y le tenían en mucho los señores, porque le tenían por su signo. Y le mataban codornices y poníanle lumbre [e] [i]ncienso delante de la estatua del Sol. Y le vestían un plumaje que se llama *cuezaltonaméyutl*, y, al mediodía mataban ca[u]tivos. Y el que nacía en este día era indiferente su ventura, o buena o mala. Si era varón, sería hombre valiente y ca[u]tivaría [a] los enemigos, o moriría en la guerra, porque decían que en tal signo nació.

Y todos hacían penitencia, chicos, hombres y mujeres, y cortaban las orejas y sacaban la sangre a honra del Sol. Decían que con esto se creaba el Sol.

---

[3] En el original dice *en despertando*.

La séptima casa de este signo se llama *xúchitl*. Decían que era indiferente, bien afortunad[a] y mal afortunada. Especialmente que los pintores honraban este signo que se llama *xúchitl*, y le hacían una estatua y le daban ofrendas. Y también las mujeres labranderas honraban este signo, y ayunaban antes ochenta o cuarenta o veinte días que llegasen a la fiesta de este signo *xúchitl* por razón que le pedían que les diese y favoreciese en sus labores de bien pintar, y a las mujeres de bien labrar y bien te[j]er. Y ponían lumbre [e] incienso, y mataban codornices delante de la estatua. Y pasando[4] el ayuno, todos se bañaban para celebrar la fiesta del dicho signo *chicome xúchitl*. Y decían que este signo era también mal afortunado, que cualquiera mujer labrandera que quebrantaba el ayuno le acaecía y merecía que fuese mala mujer pública. Y más, decían que las mujeres labranderas eran casi todas malas de su cuerpo por razón que h[u]bieron en el origen del labrar de la diosa Xuchiquétzal, la cual les enga[ñ]aba, y esta diosa también les daba sarnas y bubas incurables y otras enfermedades contagiosas. Y la que hacía penitencia a que era obligada, merecía ser mujer de buena fama y honra, y sería bien casada. Y más, decían que cualquiera que nacía en el dicho signo *xúchitl* sería hábil para todas las artes mecánicas si fuese diligente y bien criado. Y si no fuese bien criado y entendido, tampoco no merecería buena fortuna, sino malas venturas y deshonras.

La novena casa [de este] signo, *écatl*, es mal afortunada, que cualquiera que nacía en aquel día era mal afortunado, porque su vida sería como viento, que lleva consigo todo cuanto puede. Quiere ser algo, y siempre es menos; y quiere medrar, y siempre desmedra; y tienta de tomar oficio, y nunca sale con nada. Aunque sea hombre valiente o soldado, no hay quien se acuerde [de él]. Todos le menosprecian y ninguna cosa que intenta tiene buen suceso. Con ninguna cosa sale.

[4] En el original dice *en pasando*.

CAPÍTULO III
Del tercero signo, llamado ce mázatl,[1] *y de la buena fortuna que tenían los que en él nacían, [así] hombres como mujeres, si por su negligencia no la perdían*

EL TERCERO carácter se llama *mázatl*, el cual gobernaba por otros trece días.

Este signo *mázatl* tenía la primera casa o día; la segunda tenía *tochtli;* la tercera tenía *atl;* la cuarta *itzcuintli;* la quinta tenía *ozomatli;* la sexta tenía *malinalli;* la séptima tenía *ácatl;* la octava tenía *océlutl;* la novena tenía *cuauhtli;* la décima tenía *cozcacuauhtli;* la undécima tenía *olin;* la duodécima tenía *técpatl;* la tredécima tenía *quiáhuitl.* Todos los dichos trece días decían que unos eran bien afortunados y otros mal afortunados, como [a]parecerá por la declaración [de ellos].

Decían que cualquiera que nacía siendo hijo de principal en el dicho signo, sería también noble y principal y tendría qué comer y beber, y con qué dar vestidos a otros, y otras joyas y atavíos. Y si nacía un hijo de hombre de ba[j]a suerte en aquel día, decían que sería bien afortunado y que merecería ser hombre de guerra y sobrep[u]jaría[2] a todos los de su manera, y sería hombre de mucha gravedad y no cobarde ni pusilánime. Y si nacía hembra en aquel día, siendo hija de noble o de hombre de ba[j]a suerte, lo m[i]smo merecía ser bien

---

[1] "Uno venado."
[2] Excedería.

afortunada, varonil y animosa, y no daría pesadumbre a sus padres. Y más, decían que cualquiera que nacía en este signo *ce mázatl* era temeroso y de poco ánimo y pusilánime. Cuando oía tronidos y relámpagos o rayos, no los p[o]día sufrir sin gran miedo, y se espantaba. Y alguna vez le acontecía que moría del rayo, aunque no ll[o]viese ni fuese n[u]blado, o cuando se bañaba ahogábase, y le quitaban los ojos y uñas algunos animales del agua, porque decían que nació en tal signo *ce mázatl*, porque es su natural del ciervo ser temeroso.

Y el que nacía en este signo era temeroso demasiadamente, y los padres, como sabían el signo donde había nacido, no tenían cuidado, por tener averiguado que había de parar en mal. Y en este dicho signo decían que las diosas que se llamaban *cihuateteu* descendían a la tierra, y les hacían fiesta y [les] daban ofrendas, y vestían con papeles a sus estatuas.

CAPÍTULO XIII

*De[l] mal agüero que tomaban si alguno en este
día tropezaba o se lastimaba en los pies, o caía,
y de las malas condiciones de los que nacían
en la octava casa, que se llama* chicuei miquiztli,[1]
*donde hay mucho lenguaje de los mal
acondicionados, hombres o mujeres*

Más, decían que esta cuarta casa de este signo *nahuiécatl*
era de mal agüero. Todos se guardaban de reñir y tropezar.
Tenían temor si alguno tropezaba o se lastimaba o reñía. Decían que siempre le había de acontecer, porque aquel signo
así lo demandaba.

Más, decían que los que nacían en este signo serían prósperos y venturosos y animosos, y no se ba[u]tizaban luego,
m[a]s, dif[e]ríanlos hasta la séptima casa de otro signo, llamado
chicome cóatl. Decían los maestros [de esta] arte que mejoraba la ventura del que había nacido, por ser más próspera, porque este *chicome cóatl* era signo de todos los mantenimientos y bien afortunado, y era séptimo, el cual número era
bien afortunado.

La quinta casa [de este] signo se llama *macuilli calli;* y la
sexta, *chicuacen cuetzpalin.* Decían que eran mal afortunadas
porque estas dos eran casas del dios Macuilxúchitl y Mic-
tlantecuhtli. Cualquiera que nacía en estas dos casas [de
estos] signos, siendo ahora fuese varón, ahora hembra, era mal
afortunado y mal acondicionado y desventurado y revoltoso

---

[1] "Ocho muerte."

y pleitista y alborotador, al cual, cuando reprendían, [decían de él]: "Es bellaco y de mala condición porque nació en tal signo".

Y los maestros [de esta] arte decían que mejoraba la mala ventura del que había nacido si no se ba[u]tizaba luego en este signo en que nació, mas dif[e]ríanlo hasta la séptima casa [de este] signo, que se llamaba *chicome cóatl*, porque remediaría si hiciese penitencia, pues decían que el séptimo número de todos los signos era bien afortunado y próspero, porque siempre la atribuían a Chicomecóatl.

La octava casa [de este] signo se llamaba *chicuei miquiztli*. Decían que era de mala fortuna. Y también la nona, que era *chicunahui mázatl*, porque decían que todas las nonas casas eran mal afortunadas.

Y los que nacían en alguna [de estas] casas eran malquistos y mal afortunados, y aborrecidos de todos, y tenían todas las malas inclinaciones y vicios que hay. Y para remediar esta su desventura, decían los maestros [de esta] arte que se ba[u]tizase en la casa siguiente, que se llama *matlactlitochtli*, porque de allí se le pegase alguna buena ventura, porque todas las décimas casas tienen algún bien.

CAPÍTULO XIV
De las postreras cuatro casas [de este] signo, las cuales tenían por dichosas, y de las buenas condiciones de los que en ellas nacían

La DÉCIMA casa [de este] signo se llama *matlactli tochtli*.[1] Decían que era muy bien afortunada y dichosa. Los que nacían en este signo, ahora fuesen varones, ahora hembras, serían prósperos y ricos, porque decían que el número décimo de todos los signos era bien afortunado, como ya está dicho arriba. Y no se ba[u]tizaban luego, mas dif[e]ríanlos hasta la postrera casa [de este] signo, que se llamaba *matlactliumei ozomatli*, porque mejoraba la ventura del que había nacido. Decían que todas las postreras casas de todos los signos eran bien afortunadas. La undécima casa [de este] signo se llamaba *matlactlioce atl*, y la duodécima *matlactliumome itzcuintli*, y la terciadécima, que es postrera, se llama *matlactliomei ozomatli*.

Todas estas cuatro casas son bien afortunadas y dichosas. Los que nacían en alguna [de estas] casas serían muy prósperos y honrados y acatados de todos, y ricos y libera[l]es, y valientes y hábiles, y entendidos y poderosos para persuadir y provocar a lágrimas. Y si era hembra la que nacía en alguna [de estas] casas, también decían sería rica y próspera, etcétera.

Y si alguno de los que nacían en este signo era mal afortunado, decían que era por su culpa, porque no tenía devoción a su signo ni hacía penitencia a honra [dé él].

---

[1] "Diez conejo."

La razón porque decían que las cuatro casas postreras de cada signo eran bien afortunadas, es porque decían que aquellas cuatro casas postreras de todos los signos se atribuían a cuatro dioses prósperos, el primero de los cuales se llamaba Tlahuizcalpantecuhtli, y el segundo Citlallicue, y el tercero Tonátiuh, y el cuarto Tonacatecuhtli. Por esto decían los astrólogos que los que nacían en estas casas serían prósperos y tendrían larga vida si se ba[u]tizasen en la postrera.

CAPÍTULO XVI
Del noveno signo, llamado ce cóatl,[1]
y de su buena fortuna, si los que nacían en él
no la perdiesen por su flo[j]ura.
Los mercaderes tenían a este signo
por muy propicio para su oficio

EL NOVENO signo se llama *ce cóatl*. Decían que era bien afortunado y próspero. Los que nacían en esta primera casa eran felices y prósperos. Decían que sería dichoso o venturoso en riquezas, y también [en] las cosas de guerra sería señalado. Y si fuese mujer, sería rica y honrada. Pero si, como ya está dicho, fuese negligente en hacer penitencia y no tomase bien los consejos de sus mayores, perdería su ventura y sería perezoso y dormilón, y desaprovechado, y pobre y mal aventurado.

Este signo era muy favorable a los mercaderes y tratantes, y ellos eran muy devotos [de este] signo. Cuando habían de partirse a provincias remotas para entender en sus tratos y mercaderías, aguardaban a que reinase este signo, y entonces se partían. Y antes que se partiesen, ya que tenían a punto sus cargas, hacían un convite a los mercaderes viejos y a sus parientes, haciéndoles saber a las provincias a donde iban, y a qué iban. Y esto hacían para cobrar fama entre los mercaderes, porque supiesen que estando ausentes [de ellos] andaban ganando de comer por diversas provincias.

---

[1] "Uno serpiente."

CAPÍTULO XVII

De la plática o razonamiento que uno de los viejos
mercaderes hacía al que estaba de partida
para ir a mercadear a provincias longincuas[1]
o e[x]trañas cuando era la primera vez

ACABADA la comida o convite, ya que estaba de partida el
que había convidado, si era mercader novelo, que era la primera vez que iba a mercadear, cada uno de los viejos le hacía
un razonamiento esforzándole para los trabajos en que se había de ver. El primero le decía [de esta] manera: "Hijo, aquí
nos habéis juntado y allegado a todos los que aquí estamos,
que somos vuestros padres y mercaderes como vos. Es bien que
os avisemos y hagamos el oficio de viejos para con vos con-
solándoos y esforzándoos. Y yo el primero, como a hijo os
quiero decir mi parecer, pues que ya estáis de partida para
[lejanas] tierras, y de[j]áis a vuestro pueblo y a vuestros parientes y amigos, y a vuestro descanso y reposo, y habéis de
ir por largos caminos, por cuestas y valles y despoblados.
Esforzaos, hijo. No es razón que acabéis vuestra vida aquí, ni
que moráis aquí sin que hagáis alguna cosa loable para que
ganéis honra, como nosotros vuestros padres lo deseamos.
Y [así], con lágrimas pedimos que sea así, y vuestras obras
sean conform[e] a nuestros deseos. Vuestros antepasados en
estos trabajos se e[j]ercitaron en caminos, y en esto ganaron
la honra que tuvieron, como la ganan los hombres valientes
en la guerra. Con estos trabajos alcanzaron de nuestro señor

[1] Distantes, apartadas.

las riquezas que de[j]aron. Es menester que os esforcéis y tengáis ánimo para sufrir los trabajos que os están aparejados, que son hambre y sed y cansancio, y falta de mantenimientos. Habéis de comer el pan duro y los tamales mohosos, y habéis de beber agua turbia y de mal sabor. Habéis de llegar a ríos crecidos que van impetuosos, con avenidas, y que hacen espantable ruido, y que no se pueden vadear.[2] Por esta causa habréis de estar detenido algunos días. Habréis de padecer hambre y sed. Mirad, hijo, que no desmayéis con estas cosas, ni volváis atrás del trabajo comenzado, porque no nos afrontéis a nosotros vuestros padres. Por este camino fueron los viejos antepasados, y pusieron sus vidas muchas veces a riesgo, y por ser animosos vinieron a ser valerosos, honrados y ricos. Finalmente, pobrecito mancebo, si alguna buenaventura os ha de dar nuestro señor, si nuestro señor te tiene en algo, primero te conviene que experimentes trabajos y pobrezas y sufras fatigas intolerables, como se ofrecen a los que andan de pueblo en pueblo, que son grandes cansancios y grandes sudores y grandes fríos y grandes calores. Andaréis lleno de polvo; fatigaros ha, el mecapal en la frente; iréis limpiando el sudor de la cara con las manos; a[um]entarse ha vuestro trabajo, en que seréis compelido a dormir al rincón y detrás de la puerta de casas ajenas, y allí estaréis. cabizba[j]o y avergonzado, y tendréis la barriga pegada a las costillas de hambre, y andaréis de pueblo en pueblo disc[u]rriendo.[3] Y demás [de esto], os afligirá la duda de la venta de vuestras mercaderías, que por ventura no se venderán, y [de esto] tendréis tristeza y lloro. Antes que alcancéis algún caudal o buenaventura, habéis de ser afligido y trabajado hasta lo último de potencia. Y allende [de esto], muchas veces os

[2] Atravesar un río por el vado o por cualquier otro sitio donde se pueda hacer pie.

[3] Andar o correr por diversos lugares.

será necesario dormir en alguna barranca, en alguna cueva o deba[j]o de alguna lapa, o cabe alguna piedra grande. Si por ventura nuestro señor os matare en alguno [de estos] lugares no sabemos. Y quizá no volveréis más a vuestra tierra. ¿Quién sabe esto? Por esos caminos conviene que devotamente vayáis llamando a Dios y haciendo penitencia y sirviendo humildemente a los mayores en cosas humildes, como es dar agua a manos y barrer, etcétera. Mirad que no desmayéis; mirad que no volváis atrás de lo comenzado; mirad que no os acordéis de las cosas que acá de[j]áis. Continuad y perseverad en vuestro camino, en sufrir los trabajos. Por ventura nuestro señor os hará merecedor [de] que volváis con prosperidad, que os veamos vuestros padres y vuestros parientes. Mirad que tengáis en lugar de mantenimientos estos avisos que aquí os damos nosotros, que somos vuestros padres y vuestras madres, para [que] con ellos os esforcéis y os animéis. Hijo muy amado, esforzaos, y anda con Dios. Aquí os enviamos vuestros padres para que hagáis vuestro negocio, apartándoos de vuestros parientes, etcétera".

[De esta] manera los mercaderes viejos a los mancebos que nuevamente iban con otros mercaderes a tierras e[x]trañas a mercadear los hablaban y esforzaban, y ponían delante los trabajos y dificultades en que se habían de ver, [así] en los poblados como en los desiertos, en la prosecución de su oficio de mercancía.

CAPÍTULO XVIII
De otro razonamiento que los m[i]smos
hacían a los que ya otras veces
habían ido le[j]os a mercadear

TAMBIÉN los mercaderes viejos hacían algunas exhortaciones a los mancebos que iban a mercadear, que tenían ya experiencia de los caminos y trabajos. Con brevedad l[e]s hablaban de las cosas que se siguen. Decíanles: "Mancebo que aquí estáis presente, no sois niño. Ya tenéis experiencia de los caminos y de los trabajos de caminar, y de los peligros que hay en este oficio de andar de pueblo en pueblo mercadeando. Y ya habéis andado los caminos, y ya habéis andado por los pueblos donde a[h]ora queréis ir otra vez. No sabemos lo que sucederá; no sabemos si os veremos más, ni sabéis si nos veréis más. Por ventura allá se os acabará la vida en alguno de esos pueblos y de esos caminos. Acordaros heis, cualquiera cosa que os acontezca, de los avisos y lágrimas de nosotros vuestros padres que os amamos como a hijo. Deseamos merecer de gozar de vuestra vuelta y de veros acá con salud y prosperidad. A[h]ora, hijo, esforzaos [e] id enhorabuena en vuestro camino. Bien sabemos que no os han de faltar trabajos, que el camino de suyo es trabajoso y fatigoso. Tened cuidado de los que van con vos. No los de[j]éis ni desamparéis ni os apartéis de su compañía. Tene[dl]os y trata[dl]os como a hermanos menores. Avisa[dle]s lo que han de hacer cuando llegar[e]s a los descansaderos para que cojan heno y hagan asentaderos para que se asienten los más viejos. Ya hemos avisado a esos vuestros compañeros que no han ido otra vez a mercadear y andar esos caminos a que ahora vais, etcétera. Y, por eso no es menester alargarnos en palabras. Esto, hijo mío, os hemos dicho con brevedad. Idos en paz a hacer vuestro oficio, y esforzaos".

Habiendo acabado[1] de hablar los viejos, el mancebo respondía brevemente, diciendo: "En merced tengo, señores, la consolación que se me ha dado sin ser yo digno [de ella]. Habéis hecho como padres y madres, y como si fuera salido de vuestras entrañas. Habéis os desentrañado conmigo. Habéisme dicho palabras sacadas del tesoro que tenéis guardado en vuestro corazón, que son preciosas como oro y piedras preciosas y plumas ricas, y por tales las recibo y estimo. No me olvidaré [de estas] palabras tan preciosas. En mi corazón y mis entrañas yo las llevaré atesoradas. Lo que os ruego es que en mi ausencia no haya falta en mi casa de quien barra y haga fuego. En ella queda mi padre o madre, o mi hermana o mi tía. Ruégoos que tengáis cargo de favorecerlos para que nadie les haga algún agravio. Y si nuestro señor tuviere por bien de acabar mi vida en este camino, lo dicho, y con esto voy consolado, cualquiera cosa que acontezca".

Acabadas estas palabras, todos los que estaban presentes comenzaban a llorar, así hombres como mujeres, despediéndose el que se partía. Y después comían y bebían todos.

[1] En el original dice *en habiendo acabado*.

CAPÍTULO XIX

De las cer[e]monias que hacían los que quedaban
por el que iba, si vivía, y otras cuando oían
que era muerto

HABIÉNDOSE partido el mercader que se había despedido de
sus parientes y de su casa, o padre o madre o mujer o los
hijos, todo aquel tiempo que estaba ausente no [se] lavaban
la cabeza ni la cara sino de ochenta a ochenta días. En esto
daban a ente[nd]er[1] que hacían penitencia por su hijo o por
su marido o por su padre que estaba ausente. Bien se lavaban el cuerpo en este tiempo; pero no la cabeza, hasta la
venida de aquel que esperaban. Y si por ventura m[o]ría allá,
primero lo sabían los mercaderes viejos, y ellos lo iban a decir a la casa del muerto para que le llorasen y para que le
hiciesen sus obsequias[2] y honras como ellos acostumbraban.
Y entonces iban todos los parientes del muerto a visitar y a
consolar a la mujer o padre o madre del muerto. Y después
de cuatro días hechas las obsequias, lavaban la cara, [j]abo-
naban la cabeza. Decían que quitaban la tristeza.

Y si por ventura aquel mercader le habían muerto sus
enemigos, sabiéndolo[3] los de su casa hacían su estatua de
teas atadas unas con otras, y aderezábanla[4] con los atavíos
del muerto, con que le habían de aderezar a él si [moría] en
su casa, que eran diversas maneras de papeles con que acos-

---

[1] Enmienda marcada por Alfredo López Austin y Josefina García Quintana.

[2] O exequias.

[3] En el texto original dice *en sabiéndolo*.

[4] Componíanla, adornábanla.

tumbraban aderezar a los muertos. Y ofrecíanle delante otros papeles, y llevaban la estatua así compuesta al *calpulco*, [que] era la iglesia de aquel barrio, y allí estaba un día. Y delante de la estatua lloraban al muerto, y a la media noche llevaban la estatua al patio del cu, y allí la quemaban en un lugar del patio que llamaban Cuauhxicalco o Tzompantitlan.

Y si el tal mercader m[o]ría de su enfermedad, hacíanle la estatua como ya está dicho; pero su estatua quemábanla en el patio de su casa, a la puesta del Sol.

También decían que era éste próspero signo para partirse para la guerra los soldados. Decían que los que nacían en este signo tendrían buena fortuna, y serían ricos si hiciesen penitencia por reverencia de su signo. Y si fuesen descuidados en hacer penitencia, perderían la ventura que habían de haber. Y el que nacía en este signo no le ba[u]tizaban luego, sino al tercero día, que era la casa de *ei mázatl*, y entonces le ponían el nombre; porque, como está dicho, que todas las terceras casas de todos los signos son bien afortunadas.

La segunda casa [de este] signo se llama *ume miquiztli*.[5] Decían que era casa mal afortunada. La tercera casa se llamaba *ei mázatl*, y era casa bien afortunada por la causa arriba dicha. La cuarta casa [de este] signo se llamaba *nahui tochtli*. Era casa mal afortunada porque decían que todas las cuartas casas de todos los signos eran mal afortunadas. La quinta casa [de este] signo se llamaba *macuilli atl*, y era mal afortunada porque decían que todas las quintas casas de todos los signos eran mal afortunadas, y [así] que los que nacían en la cuarta y la quinta casas eran mal acondicionados. Pero decían que los que nacían en la quinta casa, si tenían cuidado de criarlos bien, venían a ser bien acondicionados y prósperos. Y decían que esto les venía por haberse llegado a los consejos de los viejos.

---

[5] "Dos muerte."

CAPÍTULO XXV

Del catorceno signo, llamado ce itzcuintli,[1]
*y de su próspera ventura. Éste decían ser el signo
del dios del fuego, llamado Xiuhtecuhtli o
Tlalxictentica. En este signo los señores
y principales hacían gran fiesta a este dios.
Y en este signo los señores y principales
que eran elegidos para regir la república
hacían la fiesta de su elección*

AL CATORCENO signo llamaban *ce itzcuintli.* Este signo decían que era bien afortunado. En este signo reinaba el dios del fuego, llamado Xiuhtecuhtli, y por eso sacaban su imagen en público [d]el cu, y delante [de ella] ofrecían codornices y otras cosas, y componíanla con sus ornamentos de papeles que le cortaban los maestros que eran oficiales de cortar papeles para este negocio. Y ponían plumas ricas en los papeles, y también chalchihuites, y le ofrecían muchas maneras de comidas, y las echaban en el fuego. Y toda la gente rica y mercaderes en sus casas hacían estas ofrendas al fuego y daban de comer y beber a sus convidados y vecinos.

Y cerca de la mañana quemaban las ofrendas de papel y copal. Decían que con estas cosas daban de comer al fuego, y descabezaban codornices cabe el fuego, y derramaban la sangre. Y las codornices andaban revoleando cerca del hogar. Y también derramaban el pul[qu]e [alrededor] del ho-

---

[1] "Uno perro."

gar, y después a las cuatro esquinas del hogar derramaban el pul[qu]e.

Los pobres ofrecían un [i]ncienso que llaman *copalxalli* en su mismo hogar; y los muy pobres ofrecían una [hi]erba molida que se llama *yauhtli* en sus mismos hogares.

Decían también que los señores que acontecía ser electos en este signo, que serían felices en su oficio. Y luego hacían gran convite a los señores de la comarca, y el convite comenzaba en la cuarta casa [de este] signo, *nahui ácatl*. Todos los convidados venían este día a dar la [en]horabuena al señor, y le tra[ía]n algún presente, y le hacían un razonamiento muy elegante y muy honroso. Y él estaba sentado en su trono, y todos sus principales estaban asentados por su orden. Acabando[2] la oración que le hacía el orador, luego se levantaba otro orador por parte del mismo señor y hacía otra oración responsiva [a] propósito de lo que había dicho aquel orador primero. Y cuando hacía la fiesta este señor electo, daba muchas mantas y maxtles ricos a los m[i]smos señores que habían venido, de manera que más cargados iban de lo que rec[i]bían [de él] que no habían venido de lo que le habían traído. Las mantas que daba el señor eran todas preciosas, hechas en su casa y te[j]idas o labradas de diversas maneras, conforme a las personas a quien se habían de dar. También les daba mucha abundancia de comidas, [e] iban cargados de las sobras para sus casas.

[2] En el original dice *en acabando*.

CAPÍTULO XXVI
De cómo en este signo los señores se aparejaban para dar guerra a sus enemigos, y en el mismo sentenciaban a muerte a los que por algún gran crimen estaban presos

ACABANDO[1] de hacer la fiesta de la dedicación de su señorío, los señores que se elegían en este signo luego mandaban a pregonar guerra contra sus enemigos, y esto era lo segundo en que había de mostrar la grandeza de su señorío, en la guerra, y, por esta causa, luego escogían a los hombres valientes y soldados fuertes. Y todos los que eran tales llegábanse al señor a porfía, porque cada uno deseaba que le eligiesen para aquel negocio, por tener ocasión de mostrarse y de ganar de comer y honra, y por mostrarse que deseaban de morir en la guerra.

También decían que en este signo sentenciaban a los que estaban presos por algún crimen de muerte, y sacaban a los que no tenían culpa de la cárcel. Y también libraban a los esclavos que injustamente eran tenidos por tales. Aquellos que libraban de la injusta servidumbre luego se iban a bañar en la fuente de Chapultépec en testimonio que ya eran libres.

Y los que nacían en este signo decían que serían bien afortunados: serían ricos y tendrían muchos esclavos y harían banquetes. Y ba[u]tizábanlos y poníanl[e]s nombres en la cuarta casa, que se llama *nahui ácatl*. Entonces convidaban a los muchachos por el ba[u]tismo, y por el nombre del ba[u]tizado.

---

[1] En el original dice *en acabando*.

También tenían una cer[e]monia, que en este signo los que criaban los perrillos, que vivían [de esto], los almagraban las cabezas.[2] La segunda casa se llama *ume ozumatli;* y la tercera, *ei malinalli;* y la cuarta, *nahui ácatl;* y la quinta, *macuilli océlutl;* y la sexta, *chicuacen cuauhtli;* y la séptima, *chicome cozcacuauhtli; y* la octava, *chicuei olin;* y la nona, *chicunahui técpatl;* la décima, *matlactli quiáhuitl;* la undécima, *matlactlioce xúchitl;* la duodécima, *matlactliomome cipactli;* la terciadécima, *matlactliumei écatl.* Estas casas todas siguen la bondad o maldad de sus números, como está arriba dicho.

[2] Almagrar: teñir de almagre.

CAPÍTULO XXVII

Del quintodécimo signo, llamado ce calli,[1]
y de su muy adversa fortuna,
decían que los hombres que en él nacían
eran grandes ladrones, lu[j]uriosos, tahúres,
desperdiciadores, y que siempre paraban en mal
y las mujeres que en él nacían eran perezosas,
dormilonas, inútiles para todo bien

EL QUINTODÉCIMO signo se llama *ce calli*. Decían que este signo era mal afortunado y que engendraba suciedades y torpedades.[2] Cuando reinaba, descendían las diosas que se llaman *cihuateteu* y hacían los daños que arriba, en otras partes, se han dicho. Todos los médicos y las parteras eran muy devotos [de este] signo, y en sus casas le hacían sacrificios y ofrendas.

Los que nacían en este signo decían que habrían de morir de mala muerte, y todos esperaban su mal fin. Decían que o m[o]riría en la guerra o sería en ella ca[u]tivo o m[o]riría acuchillado en la piedra del desafío o le quemarían vivo o le estrujarían con la red o le [m]achucarían o le sacarían las tripas por el [o]mbligo o le matarían en el agua a lanzadas o en el baño asado. Y si no m[o]ría alguna [de estas] muertes, ca[e]ría en algún adulterio, y así le matarían juntamente con [la] adúltera, machucándoles las cabezas [a] ambos, juntos. Y si esto no, decían que sería esclavo, que él m[i]smo se vendería y

---

[1] "Uno casa."
[2] Torpezas.

comería y bebería su precio. Y ya que ninguna [de estas] cosas le aconteciese, siempre viviría triste y descontento. Y sería ladrón o salteador o robador o arrebatador o gran jugador, y sería engañador en el juego, o perdería todo cuanto tenía en el juego, y aun hurtaría a su padre y madre todo cuanto tenía para jugar. Y ni tendría con qué cubrir[se],[3] ni alhaj[a] ninguna en su casa. Y aunque tomase en la guerra algunos ca[u]tivos, y por esto le hiciesen *tequihua,* todo le saldría mal. Y por mucho que [hiciese] penitencia desde pequeño, no se podría escapar de mala ventura.

[3] Este *se* aparece en el texto original antes del verbo.

CAPÍTULO XXVIII
De las malas condiciones de las mujeres que nacían en este signo

Y SI ERA mujer la que nacía en este signo, también era mal afortunada: no era para nada, ni para hilar, ni para te[j]er, y boba y tocha, risueña, soberbia vocinglera.[1] Anda comiendo *tzictli* y será parlera, chismera, infamadora. Sálenle de la boca las malas palabras como agua, y escarnecedora. Es holgazana, perezosa, dormilona, y con estas obras viene siempre a acabar en mal y a venderse por esclava. Y como no sabe hacer nada, ni moler maíz, ni hacer pan, ni otra cosa ninguna, su amo vendíala a los que trataban esclavos para comer, y [así] venía a m[o]rir en el tajón de los ídolos.

Remediaban la maldad [de este] signo en que los que nacían en él los ba[u]tizaban en la tercera casa, que llamaban *ei cóatl;* o en la séptima casa, que llamaban *chicome atl,* porque todas las terceras y séptimas casas eran buenas. Y por no repetir muchas veces una cosa, brevemente decimos que todas las casas que se siguen tienen la calidad de sus números, como ya arriba está dicho en muchos lugares.

La segunda casa [de este] signo, *ume cuetzpalli;* la tercera, *ei cóatl;* la cuarta, *nahui miquiztli;* la quinta, *macuilli mázatl;* la sexta, *chicuacen tochtli;* la séptima, *chicome atl;* la octava, *chicuei itzcuintli;* la nona, *chicunahui ozomatli;* la décima, *matlactli malinalli;* la undécima, *matlactlioce ácatl;* la duodécima, *matlactliomome océlotl;* la terciadécima, *matlactliomei cuauhtli.*

[1] Que habla muy fuerte.

CAPÍTULO XXXI
Del signo decimoctavo [ce écatl][1]
y de sus desgracias y de mala fortuna
de los que en él nacían

EL DECIMOCTAVO signo se llama *ce écatl*. Decían que era mal afortunado porque en él reinaba Quetzalcóatl, que es dios de los vientos y de los torbellinos.

Decían que el que nacía en este signo, si era noble, sería e[m]baidor, y que se trasfiguraría en muchas formas, y que sería nigromántico, y hechicero, y maléfico, y que sabría todos los géneros de hechicerías y maleficios, y que se trasfiguraría en diversos animales. Y si fuese hombre popular o macegual sería también hechicero, y encantador, y e[m]baidor, de aquellos que se llaman *temacpalitotique*.[2] Y si fuese mujer sería hechicera, de aquellas que se llaman *mometzcopinque*.[3]

Y estas hechicerías, estos hechiceros aguardaban a algún signo favorable para hacerlas, uno de los cuales era *chicunahui itzcuintli*, y otro, *chicunahui miquiztli*, y otro, *chicunahui malinalli*. Y todas las casas novenas de todos los signos les eran favorables para estas sus obras, las cuales son contrarias a toda buena fortuna. Los que eran [de este] oficio siempre andaban tristes y pobres, ni tenían que comer ni casa en que morar. Solamente se mantenían de lo que les daban los que

---

[1] Alfredo López Austin y Josefina García Quintana introducen este señalamiento respecto al nombre del signo.

[2] "Los que hacen bailar a la gente en la mano."

[3] "Las que se desarticulan las piernas."

les mandaban hacer algún maleficio. Y cuando ya habían acabado de hacer sus maleficios y era tiempo que acabasen su mala vida, alguno los prendía y les cortaba los cabellos de la corona de la cabeza, por donde perdía el poder que tenía de hacer hechicerías y maleficios. Con esto acababa su mala vida muriendo.

Aquellos hechiceros que se llaman *temacpalitotique*, o por otro nombre *tepupuxacuahuique*,[4] cuando querían robar alguna casa, hacían la imagen de *ce écatl* o de Quetzalcóatl. Y ellos eran hasta quince o veinte los que entendían en esto, [e] iban todos bailando a donde iban a robar, [e] íbalos guiando uno que llevaba la imagen de Quetzalcóatl, y otro que llevaba un brazo desde el codo hasta la mano de alguna mujer que h[u]biese muerto del primer parto. L[e]s cortaban a hurto el brazo izquierdo. Y estos ladrones llevaban un brazo [de estos] delante de sí para hacer su hecho. Uno [de ellos] que iba guiando le llevaba en el hombro.

Y llegando[5] a la casa donde habían de robar, ante[s] que entrasen dentro de la casa, estando en el patio de la misma casa, daban dos golpes en el suelo con el brazo de la muerta. Y llegando a la puerta de la casa daban otros golpes en el [umbral] de la misma casa con el m[i]smo brazo. Y hecho esto dicen que todos los de casa se adormercían o se amortecían, que nadie podía hablar, ni moverse. Estaban todos como muertos, aunque entendían y v[e]ían lo que se hacía. Otros estaban dormidos, ronca[ndo].[6] Y los ladrones encendían candela y buscaban por la casa lo que había que comer, y comían todos muy de reposo. Nadie de los de la casa les impedía ni hablaba. Todos estaban atónitos y fuera de sí. [Y] habiendo muy bien comido y consolándose, entraban en los cilleros y

4 "Los acrecentados."

5 En el original dice *en llegando*.

6 En el original dice *roncados*.

bodegas y [r]ebañaban[7] cuanto hallaban, mantas y otras cosas, y lo sacaban todo fuera, oro y plata, y piedras y plumas ricas, y luego hacían de todo cargas, y se las echaban a cuestas y se iban con ellas. Y antes [de esto], dicen que hacían muchas suciedades y deshonestidades en las mujeres de aquella casa. Y cuando ya se iban, luego se iban corriendo para sus casas con lo que llevaban hurtado. Y dicen que si alguno [de ellos] se [sentaba] en el camino para descansar, no se podía más levantar, y quedábase allí hasta la mañana, y tomábanle con el hurto, y él descubría a los demás.

[7] Recogían todo.

CAPÍTULO XXXV

*De las cer[e]monias que hacían
cuando ba[u]tizaban la criatura, y del convite
que hacían a los niños cuando les ponían
el nombre. Y de la plática que los viejos
hacían a la criatura y a la madre*

Síguese la cer[e]monia que hacían cuando ba[u]tizaban a sus hijos y hijas. Este ba[u]tismo se hacía cuando salía el Sol, y convidaban a todos los niños para entonce[s]. Dábanles de comer. La criatura que nacía en buen signo luego le ba[u]tizaban. Y si no había oportunidad de ba[u]tizarla, luego dif[e]ríanla para la tercera o séptima o décima casa. Y esto hacían para proveerse de las cosas necesarias para el convite de los bateos.[1]

Llegando el día de los bateos, comían y bebían los viejos y viejas, y saludaban al niño y a la madre. Al niño le decían: "Nieto mío, has venido al mundo donde has de padecer muchos trabajos y fatigas, porque estas cosas hay en el mundo. Por ventura vivirás mucho tiempo, y te lograremos y te gozaremos porque eres imagen de tu padre y de tu madre. Eres proven[2] y [botón] de tus abuelos y antepasados, los cuales conocimos, que vivieron en este mundo". Dicho esto y otras cosas semejantes, halagaban a la criatura trayéndole la mano sobre la cabeza en señal de amor. Y luego comenzaban a saludar a la madre, diciendo [de esta] manera: "Hija mía, o

---

[1] Bautizos.

[2] Podría interpretarse como *provena*, que remite a *mugrón*, esto es, "vástago de otras plantas".

señora mía, habéis sufrido trabajo en parir a vuestro hijo, que es amable como una pluma rica o piedra preciosa. Hasta a[h]ora [eras][3] uno, vos y vuestra criatura. A[h]ora ya sois dos distintos. Cada uno ha de vivir por sí, y cada uno ha de morir por sí. Por ventura gozaremos y lograremos algún tiempo a vuestro hijo y lo tendremos como a sartal de piedras preciosas. Esforzaos,[4] hija, y tened cuidado de vuestra salud. Mirad, no cayáis en enfermedad por vuestra culpa. Y tened cuidado de vuestro hijito. Mirad que las madres mal avisadas matan a sus hijos d[u]rmiendo, o cuando maman: si no les quitan la teta con tiento suélense agujerar el paladar y mueren. Mirad que, pues, que nos le ha dado nuestro señor, no le perdamos por vuestra culpa. Y no es menester fatigaros con más palabras".

---

[3] En el texto original dice *érades*.
[4] En el texto original dice *esforzados*.

CAPÍTULO XXXVII
De lo que a[h]ora se hace en los bateos,
que es casi lo mismo que antiguamente hacían,
y del modo de los banquetes que hacían
los señores, principales y mercaderes, y a[h]ora
hacen, y de las demás casas [de este] signo

Síguese la manera del convite que a[h]ora después de ya cristianos hacen en los ba[u]tismos de sus hijos. De la misma manera convidan a[h]ora para sus ba[u]tismos que convidaban antiguamente, exce[p]to que los señores y principales y mercaderes y hombres ricos cada uno según su manera hacía convite y convidaba mucha gente, y ponía oficiales y servidores para que sirviesen a los que venían convidados, para que a todos se les hiciese honra conforme a la calidad de sus personas, [así] en darles flores como en darles comida como en darles mantas y maxtlates conforme a la calidad de sus personas.

Para este propósito juntaba mucha copia de comida y mantas y maxtlates y flores y cañas de humo, para que todos sus convidados tuviesen copiosamente todo lo necesario y no recibiese afrenta ni vergüenza el señor del convite, sino que recibiese gloria de la orden y de la abundancia de todas las cosas que se habían de dar.

Y sabiendo esto los convidados, estaban con esperanza [de] que no les faltaría nada de las cosas del convite, y también deseaban que no h[u]biese falta, porque el que convidaba no cayese en alguna afrenta, ni nadie con razón se pudiese que[j]ar [de él] ni del convite, ni murmurar.

Llegando el día del convite, todos los servidores y oficiales del convite andaban con gran solicitud aparejando[1] las cosas necesarias y poniendo espadañas y flores en los patios y caminos, y barriendo y allanando los patios y caminos de la casa donde se hacía el convite. Unos traían agua; otros barrían; otros regaban; otros echaban arena; otros colgaban espada[ñ]as donde se había de hacer el areito; otros entendían en pelar gallinas; otros en matar perros y chamuscarlos; otros en asar gallinas; otros en cocerlas; otros metían los perfumes en las cañas. Las mujeres, viejas y mozas, entendían en hacer tamales de diversas maneras. Unos tamales se hacían con harina de fri[j]oles; otros con carne. Unas [de ellas] lavaban el maíz cocido; otras quitaban la coronilla del maíz, que es áspera, porque el pan fuese más delicado; otras traían agua; otras quebrantaban cacao; otras le molían; otras mezclaban el maíz cocido con el cacao; otras hacían potajes.

Y amaneciendo,[2] ponían petates por todas partes, y asentaderos, y echaban heno entrete[j]iendo la orilla, que parecían mantas de heno. Todas las cosas se ponían en orden, como era menester, sin que el señor entendiese en nada. Todas estas cosas hacían los servidores y oficiales, aquellos que dan las cañas de humo y las flores y la comida. Y aquéllos hacen el cacao y lo levantan al aire, y dan a los que han de beber. Y también hay personas diputadas para el servicio particular de los convidados.

Esto acontece entre los señores y principales y mercaderes y hombres ricos; pero la gente ba[j]a y pobre hace sus convites como pobres y rústicos que tienen poco y saben poco, y dan flores de poco valor y dan cañas de humo que ya han servido otra vez.

[1] Preparando.
[2] En el original dice *en amaneciendo*.

Las demás casas [de este] signo tienen la fortuna conforme a los lugares de sus números. La segunda casa se llama
ume cozcacuauhtli; la tercera, *ei olin;* la cuarta, *nahui técpatl;*
la quinta, *macuilli quiáhuitl;* la sexta, *chicuacen xúchitl;* la
séptima, *chicome cipactli;* la octava, *chicuei écatl;* la nona, *chicunahui calli;* la décima, *matlactli cuetzpalli;* la undécima,
matlactlioce cóatl; la dudodécima, *matlactliumome miquitztli;*
la terciadécima, *matlactliumei mázatl.*

CRONOLOGÍA

1499	Nace Bernardino de Sahagún en Tierra de Campos, antiguo reino de León.
ca. 1520	Sahagún estudia en la Universidad de Salamanca, importante centro del saber renacentista donde perduraba el recuerdo de las cátedras impartidas por grandes juristas y teólogos, así como el de las aportaciones filológicas de Elio Antonio de Nebrija, autor de la primera gramática del castellano, quien además participó en el equipo de traducción de la Biblia políglota.
1522 (?)	Ingresa a la orden franciscana.
1529	Llega a la Nueva España a la edad de 30 años, procedente del puerto de San Lúcar de Barrameda.
1530	Se encuentra en el convento de Tlalmanalco y más tarde se traslada al de Xochimilco, lugares donde inicia su tarea de evangelización.
1536	El virrey Antonio de Mendoza, el presidente de la Segunda Audiencia, Sebastián Ramírez de Fuenleal, y el obispo fray Juan de Zumárraga inauguran el 6 de enero el Colegio de Santa Cruz de Tlatelolco, donde fray Bernardino impartirá la cátedra de latín y gramática a jóvenes de la nobleza indígena. En ese lugar estuvo por varios periodos, y allí realizó sus obras de carácter religioso y también algunos de los manuscritos de su magna *Historia general* y la versión definitiva de la misma.

1539	Funge como traductor en el proceso del señor de Tezcoco, don Carlos Ometochtzin, nieto de Nezahualcóyotl, quien fue enviado a la hoguera por resistirse a ser convertido a la fe cristiana.
1540	Se traslada al convento de Huexotzinco en el valle de Puebla y visita zonas aledañas a ésta, como Cholula.
1545	Vuelve a Tlatelolco y adquiere una terrible peste del género del tifus que cobra miles de vidas, y a la que se referirá en el Libro Dos de su *Historia general*.
1547	Recoge testimonios de la antigua palabra *(Huehuetlahtolli)*, los cuales más tarde conformarán el Libro Sexto de su *Historia general*.
1553	Reúne testimonios de labios de quienes habían participado o presenciado en la conquista de Tenochtitlan. Es la voz de los vencidos la que reproduce en lo que será posteriormente el Libro Doce de su *Historia general*.
1558	Sahagún recibe de su superior, el padre Francisco Toral, la orden de realizar una investigación sobre la cultura de los antiguos mexicanos. Para ello se traslada a Tepepulco, al sureste del actual estado de Hidalgo, donde inicia formalmente su estudio sobre la historia y cultura mexicas que le permitirá una comprensión más profunda de los indígenas a los que convertirá. Los ancianos más ilustres proporcionan al fraile y a sus colaboradores indígenas la información requerida en su cuestionario a través de testimonios orales en náhuatl y códices pictográficos, que era su forma de escritura. Corresponden a este periodo sus *Primeros me-*

moriales, esto es, los manuscritos preparatorios de su *Historia general,* que contienen información acerca de las fiestas, dioses, indumentaria de los participantes en el ritual, gobernantes y cuestiones tocantes a su ecosistema.

1561   Regresa al convento de Santiago de Tlatelolco, donde revisa los textos obtenidos en Tepepulco e incorpora nuevos testimonios de ancianos tlatelolcas a su investigación. Éstos se conocen como *Segundos memoriales* y *Memoriales con escolios,* y junto con los *Primeros,* obtenidos en la región de Hidalgo, se encuentran actualmente en dos repositorios de la ciudad de Madrid; por eso se conocen como *Códices matritenses.*

1563-1564   Traduce al náhuatl evangelios y epístolas, y reconstruye el manuscrito que encuentra en la biblioteca del Colegio de Santa Cruz, conocido como *Coloquios y Doctrina Cristiana.*

1565   Se establece en el convento de San Francisco de la ciudad de México. Revisa nuevamente sus manuscritos, los organiza en 12 Libros y los distribuye en capítulos y párrafos. Durante su estancia en ese lugar realiza una nueva consulta sobre las 18 veintenas que conforman el calendario náhuatl, que servirá para sus ulteriores trabajos.

1569   De nuevo en Tlatelolco, saca una copia en limpio de sus textos en náhuatl, la cual se encuentra actualmente perdida. Repasa también algunas obras religiosas en náhuatl, como la *Postilla* y la *Psalmodia Cristiana;* y otras de carácter lingüístico, como el *Arte y vocabulario,* de la que se desconoce su paradero.

1570	Alonso de Escalona, provincial de la orden del Santo Evangelio, despoja a Sahagún de sus manuscritos. Fray Bernardino redacta dos síntesis del contenido de la *Historia general:* una dirigida al papa Pío V y otra a Juan de Ovando, presidente del Consejo de Indias, a fin de que le sean restituidos sus textos.
1575	Recupera sus manuscritos gracias a la intervención de fray Rodrigo de Sequera, quien sustituye en el cargo a Escalona. El nuevo provincial apoya al fraile para que concluya la versión definitiva de la *Historia* y realice su traducción al castellano
1576	Continúa en el colegio de Santa Cruz, que había decaído académica y demográficamente. Vuelve a azotar la ciudad una gran peste; mientras tanto Sahagún sigue trabajando en su obra y en la realización de otros textos de carácter religioso, como las *Adiciones y apéndice a la postilla.*
1577	Concluye el manuscrito más completo de su *Historia general de las cosas de Nueva España,* conformado por Doce Libros en náhuatl y español y 1845 ilustraciones y 623 viñetas decorativas.
1580	Fray Rodrigo de Sequera, a quien Sahagún dedica su obra, regresa a España con los cuatro volúmenes de la *Historia general* para difundirla en el Viejo Mundo. Después de dos siglos, se da a conocer que la obra se encuentra en la Biblioteca Medicea de Florencia. De ahí la designación del *Códice.*
	Una vez en España, Sequera manda sacar una

copia de la columna en español del Códice. A ésta se le conoce como *Códice de Tolosa*, debido al convento franciscano en el que quedó resguardada por siglos.

1583   Se imprime la única obra que fray Bernardino vio publicada en vida, la *Psalmodia Cristiana y Sermonario de Todos los Sanctos del Año, en lengua mexicana*.

1584-1585   Sahagún trabaja en una nueva versión del *Calendario* y en el *Arte adivinatoria*, que actualmente podemos encontrar en el libro de *Cantares mexicanos*, así como en el *Libro de la Conquista*, cuyos dramáticos testimonios había recogido desde 1553 e insertado en el Libro Doce de la obra que Sequera llevó a Europa. En las últimas páginas de la segunda versión de este libro, vuelve a reflexionar sobre lo que había sido el proceso de conversión de los indígenas y exalta aún más la figura de Hernán Cortés.

1590   Muere fray Bernardino de Sahagún, víctima de catarro, a la edad de 91 años. Es enterrado en el convento de San Francisco de la ciudad de México.

REFERENCIAS BIBLIOGRÁFICAS
EN EL FCE*

Duverger, Christian, *La conversión de los indios de Nueva España: con el texto de los "Coloquios de los Doce" de Bernardo de Sahagún (1564)*, México, 1993 (Sección de Obras de Historia).

Hernández de León-Portilla, Ascensión (ed. e introd.), *Bernardino de Sahagún: diez estudios acerca de su obra*, México, 1990 (Sección de Obras de Historia).

Máynez, Pilar, *El calepino de Sahagún. Un acercamiento*, México, 2002 (Vida y Pensamiento de México).

Sahagún, fray Bernardino de, *Creencias y costumbres*, México, 1997 (Fondo 2000).

———, *Fauna de Nueva España*, México, 2005 (Centzontle).

* Sugerencias del editor.

Fiestas y supersticiones de los antiguos mexicanos en la "Historia general" de Sahagún, se terminó de imprimir y encuadernar en el mes de diciembre de 2006 en los talleres de Impresora y Encuadernadora Progreso, S. A. de C. V. (IEPSA), Calz. de San Lorenzo, 244; 09830, México, D. F. En su composición, parada en el Departamento de Integración Digital del FCE por *Yolanda Morales Galván,* se utilizaron tipos Bodoni Book de 12, 10:12, y 8 puntos. La edición, que estuvo al cuidado de *Nancy Rebeca Márquez Arzate,* consta de 4 000 ejemplares.